U0937620

洪子淇 著

生活·讀書·新知 三联书店 生活書店 出版有限公司

图书在版编目（CIP）数据

即刻奔跑 / 洪子淇著 . -- 北京 : 生活书店出版有限公司 , 2015.7
ISBN 978-7-80768-110-6

Ⅰ . ①即… Ⅱ . ①洪… Ⅲ . ①跑—健身运动—基本知识 Ⅳ . ① G822

中国版本图书馆 CIP 数据核字 (2015) 第 174825 号

责任编辑　邝　芮
特别策划　路佳瑄　高克宁
特约编辑　梁丽娜　阿　夏
封面设计　罗　洪
责任印制　常宁强
字体支持　造字工房

出版发行　生活書店出版有限公司
（北京市东城区美术馆东街22号）
邮　　编　100010
印　　刷　北京卡乐富印刷有限公司
版　　次　2015年10月北京第1版
2015年10月北京第1次印刷
开　　本　880毫米 × 1092毫米 1/32　印张9
印　　数　0,001—15,000册
字　　数　179千字　图76幅
定　　价　48.00元
（印装查询：010-64002717；邮购查询：010-84010542）

运动员
马布里

Sports lightens our life、Run for love、Run for a better life、运动点亮生命之光。为爱奔跑，奔向更好的生活。

主持人
李静

繁忙的工作会让人不堪重负，跑步是一种很好的解压方式。你会在跑步中找到最原初的快乐，每跑一程，就是一次新生。

体育评论员
于嘉

如果是一个初学者，这样的跑步手册一定会让你喜欢的。

企业家
毛大庆

跑步，不求改变人生，只求取悦自己。跑得越远，离自己越近。

企业家
雷振剑

马拉松之所以成为体育产业中参与人群最广泛的运动项目，是因为它的开放，无论是谁无论在哪儿，大家都可以一起比赛。跑步带来的积极向上的状态，都是在一场又一场的马拉松赛中跑出来的。这就是它的魅力所在。

主持人
刘语熙

看完这本书后，觉得全身的细胞都在跳动，已经等不及要开始跑步了！

歌手
Mike.D.Angelo

每个人开始跑步的原因都不同，但得到的乐趣是一样的。

序：让跑步更好玩

谨以此书献给：

随性、爱玩、有趣、阳光、有点小上进、有点小懒惰、向往健康人生、准备或者已经开始跑步的，我们。

如今跑步已经由个人爱好进化成群体爱好，在万千跑者们组成的江湖里，有年年突破自己纪录、跑遍七大洲马拉松的严肃型跑者；也有我这种，夜深睡不着时下楼跑一圈，早晨陪孩子去上学路上跑一圈，如果看到好风景必须停下来拍照，既无计划又无纪律的玩票型跑者。

“Pain is inevitable,suffering is optional.（痛苦是不可避免的，但可以选择是否受苦。）”《跑步圣经》里把跑步描绘成一个严肃而系统的工程，为这项运动提供了专业而全面的知识，是专业跑者的必备。不过，如果你也像我一样，没有强大的意志和吃苦耐劳的精神，只是单纯地爱跑爱玩，那么不妨看看这本送给爱玩型跑者的书，它涉及多方面的知识，像杂志一样容易阅读，从轻松有趣的角度来解构跑步这件事：刮风下雨怎么跑？哪个马拉松吃得最好？跑步时听什么最燃？……然后你会发现，跑步可以有多么好玩儿。

好玩本身就是很好玩的诉求，当它与适当的专业知识恰到好处地结合时，就上升为一种很有趣的调性，跑步这个看似枯燥的话题同样可以很好玩。从你跑步时从头到脚的装备，到精心挑选的跑步路线，甚至跑步的方法，都可以和朋友讨论个半天。你可以假装是半个行家，煞有介事地对全球马拉松如数家珍："想要够特别，你可以去跑波尔多红酒马拉松；想要风景足够震撼，伊斯坦布尔马拉松会是你排名前三的选择；如果你实在太不专业又不好意思跑波士顿马拉松的话，随性如火奴鲁鲁马拉松，定不会让你失望。"

好奇、随性和玩儿票的特质，让我一不小心从深耕多年的时尚媒体行业，"DUANG"的一声滚进互联网金融、智能硬件、体育和音乐相关的领域。那一刻的首要任务并非开始跑步，而是认真琢磨跑步。然而翻遍市面上的书，却没有几本能读得下去，太专业的那些，有深刻指导意义却也真的是有距离感。所以做这本书的初衷，只是为了给我和像我一样的咱们，一本好玩的跑步书。

感谢洪子淇，一个和我一样好玩的人，一个从时尚媒体行业"DUANG"的一声滚进体育文化产业的健身狂热爱好者，可以接受我的邀请，一起来做了这么一本跑步书，让我这个玩票型选手，看完也有了半桶水可以晃荡一下，更加兴致勃勃地参与讨论：来，让我们聊聊跑步这件事儿。

高克宁

2015 年 6 月

目录

序章
GEEKERY RUN

跑步这件事的前世今生

不知道从什么时候起，跑步悄然成了一种时髦的运动，在年轻人中蔚然成风。其实想想也不奇怪，在我们所看的欧美影视剧里，那些街道背景和公园背景中，总是有很多跑步的人，而且不分男女老幼。在我们的现实生活中，虽也能看见，但终归是少。近几年，随着可穿戴设备的流行，跑步爱好者犹如雨后春笋，呼啦一下子就冒出很多。

需要澄清但同时也稍稍扯远一点的是，虽然我们在影视剧中看到欧美人很爱跑步健身的样子，但有一项调查显示，美国的肥胖比例很高，论平均健康水平，美国在全世界可排不上前列。所以，在影视剧中看到的情况是不是他们的一种正能量的宣传倒也不好说。生活水平提高了，人们就开始发胖，这可能是进入后工业化的必然结果。因此，我们需要仔细想想，用什么方式来锻炼健身，同时消耗掉多余的卡路里。

我们也即将迈步进入后工业化时期，改变迫在眉睫。

于是，很多人选择跑步的生活方式，因为跑步最方便、最省钱、最高效。跑步随时可以进行，不需要借助器械。只需要一双跑鞋，一身轻便透气的紧身衣裤。最好的全身运动是跑步和游泳，但后者明显对环境的要求比较高，而前者如果不在室内机器上进行的话，广阔的户外那可是无穷无尽的资源：小区楼下，学校塑胶道，林间栈道，公园甬路……跑步对环境的要求实在是太低，只要你喜欢，平地跑，山地跑，越野跑，障碍跑，随你选择。空间景物不停变换的同时，你的每一块肌肉也几乎都参与了运动，最主要的还有心肺功能的增强，以及神经敏捷性的协调。如果你真正开始跑步，你会越跑越兴奋。

“跑”虽然是任何一个发育正常的 3 岁孩子都可以轻松完成的动作，但是论其历史，却也可以大谈特谈。如果从维基百科定义的“陆生动物使用足部，移动最快捷的方法”说起，可以看到跑步的前世今生。

早在 35 亿年前，人类祖先在挥手告别了类人猿远亲的那一刻，就已经开始尝试着用一双比现代人略细略短的腿缓慢地奔跑，哪怕这一举动需要消耗掉相当于现代人两倍的能量。两万年前，六名澳大利亚原住民在追逐猎物时，将脚印永远留在了黏土湖床上，而其中一个代号为 T8 的男子，更是不经意间就显示出了在田径方面秒杀当今所有世界冠军的实力——T8 先生竟然在烂泥地里跑出了 37 公里 / 时的速度。要知道，飞人博尔特在北京奥运会赛道上跑出的最高速度也只有 42 公里 / 时！如果他穿上充满现代科技的跑鞋，并移步到塑胶跑道上，那么结果将难以想象。

两千年前的古希腊人在奥林匹亚阿尔菲斯河岸的岩壁上留下了这样一段话：“如果你想聪明，跑步吧！如果你想强壮，跑步吧！如果你想健康，跑步吧！”这充满现代电视购物广告味道的句子是古希腊人严肃的跑步宣言，很神圣。

古希腊作为现代奥运会的发源地，在公元前 776 年第一届古代奥运会上，设立的竞赛项目就是跑步！且只有跑步！这样的“纯跑步”奥运会一直延续到第 13 届，赛程长度 192.27 米，如此精确是因为这恰好是当时运动场的长度。后来渐渐出现了中跑和长跑，并且都是 192.27 的倍数。比赛结果只看名次不计时间。从留存在陶器上的图案中，我们能清楚地看到，当时的运动员全部都是脚掌前部着地。现代专家们分析，这样做可以节省大量体能和避免脚部受伤，人们在那时总结出的跑步要领像是一种基因，一直遗传到现在。

说到古希腊就不得不提令现代人为之疯狂的马拉松。公元前 490 年 9 月 12 日，雅典军队与大流士一世（《300 勇士》里妖刀薛西斯的父亲）麾下的波斯军队，在距离雅典城不远的马拉松海滩爆发了大规模的武装冲突，雅典军队力克波斯大军，随后统帅米勒狄指派了一个叫斐迪皮德斯、绰号

“飞毛腿”的士兵回城去报信。小伙子热血沸腾地一口气跑回了雅典，只说了一句“我们胜利了”便倒地牺牲了。后来为了纪念这个“用生命报信奔跑”的勇士，在1896年举办的第一届现代奥运会上，便设立了同斐迪皮德斯生死跑等距的比赛——全程42.195公里的马拉松赛。

这届奥运会还有一个贡献，就是直接催生了1897年波士顿马拉松大赛——这个全世界最古老的马拉松赛事，当年参赛的运动员只有15人。后来又出现了五大马拉松赛事：芝加哥马拉松、纽约马拉松、伦敦马拉松、柏林马拉松和东京马拉松。再后来，马拉松运动在我们国内也是遍地开花：北京国际马拉松、上海国际马拉松、广州国际马拉松……回想当年，彼时的人们可能压根儿无法描绘2014年37,000人同城奔跑的盛况。

中国的时间指针拨得有些快，什么事都像在按快进键。中国的跑步热潮和很多事儿一样，虽然来得晚了点儿——现代田径运动是在20世纪初才由外国传教士引进的——如今却汹涌澎湃大有后来居上之势。20世纪90年代，“亚洲神鹿”王军霞异军突起，但那时候的跑步更像是一种背景复杂、情感也复杂的任务，宣传口号充满了荣誉却毫无乐趣可言。有些观念需要慢慢改变，也许几代人才能完成，跑步的理念也许真的可以“跑起来”。现在，跑步开始回归本身的意义。2013年某运动品牌有一则广告，已经让人看到了一种平凡、快乐的表达，全长60秒的广告没有出现任何一个世界冠军，没有一帧速度与激情的显摆，而是讲述了一个74岁的跑者的故事、生活和梦想。

从食物到桂冠，从信仰到生活日常，跑步这种古老的运动和人类之间的关系从未疏离，时至今日甚至更紧密。新媒体上也可见一斑。在朋友圈发一条微信：请告诉我你为什么而跑。

专业的跑者回复：跑步是我的信仰。

跑步达人回复：跑步是我人生的一部分。

传媒人回复：跑步是当代社会的主流话题。

企业大佬回复：跑步是我的圈子标签和社交手段。

五好青年回复：强身健体顺便交朋友。

闺蜜回复：这辈子没跑过，但也忍不住买了最新的跑鞋和运动腕表。

各大厂商抓住“跑步与人”这一紧密关系来获取商业利益，跑步早已经脱离单纯的运动范畴，更是一种态度、观点和追求。就连并不欣赏“足部快速运动”的人也会不得不承认，跑步是一个时髦的“话题”和“生活方式”。在这一门“新兴的宗教”里，跑者之间的交流也已经从路线、装备一路直奔生命态度和哲学而去。我们奔跑，奔跑的不仅仅是身体，还有灵魂。

为健康、为自由、为爱情、为风景，也许跑者的出发点各不相同，但都有一个不想错过的东西等在某处，而接近它的方式，正好就是跑步。这本书，将和你分享促人行动的跑者故事，也将从多方面帮助提升你的跑步技能，不论你是已经跑在路上的达人、刚刚入门的菜鸟，还是正在门外徘徊的观望族，现在就带上这本书，即刻奔跑！

关于跑步的 A 到 V

A

Aerobic Exercise 有氧运动

简单来说，有氧运动是指任何富韵律性的运动，其运动时间较长（15 分钟或以上），运动强度在中等或中上的程度（最大心率之 75% ~ 80%）。在运动过程中，人体吸入的氧气与需求相等，达到生理上的平衡状态。衡量“有氧运动”的标准是心率。心率保持在 150 次 / 分钟的运动为有氧运动，因为此时血液可以供给心肌足够的氧气；因此，它的特点是强度低，有节奏，持续时间较长。有氧运动要求每次锻炼的时间不少于 30 分钟，每周坚持 3 ~ 5 次。这种锻炼，氧气能充分燃烧（即氧化）体内的糖分，还可以消耗体内脂肪，改善和增强心肺功能，预防骨质疏松，调节心理和精神状态，是健身的主要运动方式。所以说，如果体重超标，想通过运动来达到减肥的目的，建议选择有氧运动，像慢跑、骑自行车。

Anaerobic Exercise 无氧运动

无氧运动是指肌肉在“缺氧”的状态下高速剧烈的运动。无氧运动大部分是负荷强度高、瞬间性强的运动，所以很难持续长时间，而且疲劳消除的时间也慢。无氧运动是相对有氧运动而言的。在运动过程中，身体的新陈代谢是加速的，加速的代谢需要消耗更多的能量。人体的能量是通过身体内的糖、蛋白质和脂肪分解代谢得来的。在运动量不大时，比如慢跑、跳舞等情况下，机体能量的供应主要来源于脂肪的有氧代谢。以脂肪的有氧代谢为主要供应能量的运动就是我们说的有氧运动。当我们从事的运动非常剧烈，或者是急速爆发的，例如举重、百米冲刺、摔跤等，此时机体在瞬间需要大量的能量，而在正常情况下，有氧代谢是不能满足身体此时的需求的，于是糖就进行无氧代谢，以迅速产生大量能量。这种状态下的运动就是无氧运动。

C

Color Run 彩色跑

“彩色跑”是一项 2011 年发源于美国的运动，被称为“地球上最快乐的 5 公里赛跑”，参加者身着白色 T 恤，跑步过程中经过不同的彩色站，会被从头到脚抛撒彩色粉末。彩色粉末由纯天然玉米粉制成，对人体和环境无害。近年来，“彩色跑”在国内越来越流行，人们对于活动的参与度也越来越高，据悉，每场活动都会有上万的人参加，不分性别、不分年龄、不分国界，是真正意义上的全民活动。

E

Easy Pace 轻松跑的配速

一般是指能够轻松与人交谈的速度，轻松跑配速一般会比你的马拉松配速每公里慢 38 秒左右，这样跑步可以降低受伤风险。如果想要提高速度，可以择日进行速度练习，或者参加比赛。

Exercise Heart Rate 运动心率

运动心率，即人体在运动时保持的心率状态。不管是有氧运动，还是无氧运动。都有一个合适的心率才能达到较佳的运动效果。保持最佳运动心率对于运动效果和运动安全都很重要，三高人群锻炼中尤为重要的是运动心率，如果心率过高，会对身体健康不利，导致恶心、头晕、胸闷，糖尿病患者则会使血糖急剧降低，而且减脂效果也不好。心率低对身体没有危害，但是锻炼效果不好。目标心率 = 最大心率 × 强度百分比。

Endorphin 内啡肽

人们在跑步时，脑垂体可分泌出一种名为 β-内啡肽的“快乐激素”，让人觉得情绪高昂、精力充沛。一般在慢跑（每分钟 120 米）、快走（相当于快步穿过十字路口的速度）15 分钟后，β-内啡肽开始产生。长时间、连续性、中量至重量级的运动和深呼吸也是分泌脑内啡的条件。长时间运动把肌肉内的糖原用尽，只剩下氧气，脑内啡便会分泌。这些运动包括跑步、游泳、越野滑雪、长距离划船、骑单车、举重等，有氧运动舞或球类运动（例如篮球、足球或美式足球）。

F

Frequency 步频

步频，即脚步的频率，竞走或跑步时两腿在单位时间内交替的次数，是决定走、跑速度的重要因素之一。通常用步 / 秒表示：竞走步频可达 3.5 ~ 3.7 步 / 秒；短跑步频可达 4.6 ~ 5.1 步 / 秒。其快慢主要取决于人体神经过程的灵活性与快肌（白肌）纤维在肌肉中的百分比。运动器官的协调性，肌肉力量及收缩速度等，是一个先天性较强的因素，步频被列为田径运动员选材的重要指标之一。通过科学的训练，步频可以提高。

J

Jogging 慢跑

慢跑，亦称为缓步、缓跑或缓步跑，是一种中等强度的有氧运动，目的在以较慢或中等的节奏来跑完一段相对较长的距离，以达到热身或锻炼的目的。医学认为，慢跑是锻炼心脏和全身的好方法。慢跑通常以隔日进行为宜，慢跑前要做好准备动作，慢跑时要穿合适的鞋和宽松的衣服，跑法要正确，而且需要一般良好健康情况和明确目的。慢跑对于保持中老年人良好的心脏功能，防止肺组织弹性衰退，预防肌肉萎缩，防治冠心病、高血压、动脉硬化等，具有积极的作用，可加速脂肪消耗达到快速减肥的目的。

L

LSD 长距离慢跑

LSD 是 Long Slow Distance（长距离慢跑）的缩写。一般是指 20 公里或以上的距离，是一种全程保持匀速，感觉比较轻松的训练方式，全程马拉松目标在三个半小时以外的跑者，以比赛速度进行即可；而目标在三个小时以内的跑者，每公里用时一般比正式比赛时慢 20~50 秒，训练目的是提高肌肉力量、耐力和有氧跑步能力，可以培养对长距离的耐心、勇气和信心。某种程度上讲，LSD 的心理作用甚至比生理作用更大。

Lactic Acid 乳酸

乳酸是由于运动过程中，体内葡萄糖的代谢过程中产生的中间产物。由于运动相对过度，超过了无氧运动的强度，导致机体内产生的乳酸不能在短时间内进一步分解为水和二氧化碳，氧气供应不足而形成无氧代谢，从而导致大量的乳酸在体内形成堆积，引起局部肌肉的酸痛。高强度运动后通常会产生了乳酸堆积，如果要加速乳酸的排泄，一个是持续有氧运动，促使乳酸随着能量的代谢加速排出体外，再一个就是用热水熏蒸（如桑拿），也可以达到加速乳酸排泄的目的。

M

Marathon 马拉松

马拉松长跑是国际上非常普及的长跑比赛项目，全程距离 26 英里 385 码，折合为 42.195 公里（也有说法为 42.193 公里）。马拉松赛分全程马拉松（Full Marathon，简称全马），半程马拉松（Half Marathon，简称半马）和四分马拉松（Quarter Marathon）三种。以全程马拉松比赛最为普及，一般提及马拉松，即指全程马拉松。

MAF180 训练法

MAF 训练法是由 Dr. Philip Maffetone（菲利普 · 马费托内）发明的训练方法，具体是用 180 减去跑步者的年龄，得出的数字就是最大心率（HRmax），这个数字再减 10 就是最小心率（HRmin），跑步时候把心率控制在这个区间，尽量接近 HRmax。如果身体有慢性病、陈旧伤，整个区间下移 5 ~ 10 个点。MAF180 训练法最大的特点是只看心率，不问速度。刚刚开始跑步的跑者采用 MAF180 训练法，往往只允许 10 左右的配速，也就是 6 公里 / 小时，相当于快走。MAF180 训练法的好处至少体现在三个方面：坚持训练，可以提升心脏泵血能力、单位血液的携氧能力以及运动中代谢脂肪供能的效率，可以显著提升长跑成绩；由于运动强度较低，可以最大限度地避免跑步中因肌肉疲劳、动作变形引起的伤病，如足底筋膜炎、膝关节磨损等问题；由于心率有严格的上限，对身体刺激小，长跑产生的自由基最大限度地被抑制了，可以有效地避免过多累计自由基导致的跑者身体过度氧化问题。

P

Pace 配速

马拉松运动讲究匀速，在匀速的状态下才能更好地发挥自己的实力。很多跑步爱好者很注意控制速度。他们根据自己的万米成绩乘以马拉松耐力系数（每个人的差别不是太大），算出自己的马拉松预计成绩，再把马拉松成绩对应上配速，努力在全程中以这个同样的配速来跑。配速的把握可以靠速度感，在平时跑步的时候就要注意计时，把实际速度和配速联系起来。当然也可以在训练和比赛时使用运动手表或手机里的运动软件，这些手表或软件有 GPS 定位功能，根据 GPS 的数据直接算出你的即时配速，供你调节自己的跑步速度。

PB 个人最佳成绩

Personal Best，一般用来指运动员的个人最佳成绩。跑马拉松的人都会用三个数字来形容自己的 PB，一般说起来是指全马的个人最好成绩。比如 319，就是全马跑了 3 小时 19 分。一般来说非专业的（男性）选手能够跑进 3 小时 30 分内就已经是非常好的成绩了，相当于国家二级运动员的水平。大多数经过长期训练的非专业男女选手的成绩在 3 小时到 4 小时这个区间里。以运动员的成绩作为参考：一级女子马拉松运动员 3 小时 20 分，男子 2 小时 34 分；二级女子马拉松运动员 3 小时 50 分，男子 3 小时 10 分；三级女子马拉松运动员 4 小时 10 分，男子 4 小时。

R

Run 跑步

跑步的定义是指陆生动物使用足部、移动最快捷的方法。它在运动上的定义是一种步伐，双脚不会同一时间碰到地面。它亦可以是一种有氧的运动或厌氧的运动。跑步锻炼是人们最常采用的一种身体锻炼方式，这主要是因为跑步技术要求简单，无需特殊的场地、服装或器械。无论在运动场上或在马路上，甚至在田野间、树林中均可进行跑步锻炼。每个人都可以自己掌握跑步的速度、距离和路线。

S

SI 变速跑

Speed Intervals，又称“间歇跑”。由瑞典人古斯塔夫·迈赫尔所创，又名“法特莱特跑”。训练时运动员利用自然环境，交替进行行走、慢跑、快跑，同时根据自己的主观感受决定加速、减速的时间和距离，适合体质较好或者有一定基础的长跑爱好者，通过变换速度，不仅可以加强人体耐力，而且能显著提高速度，对人体机能的全面发展大有益处。

Stride 步幅

就是一步的距离，以脚的中心算，走一步后，两脚中心的距离就是步幅。成人正常步幅大约在 65 厘米左右。步幅与身高的关系很明显，步幅也是跑步过程中对速度的一个考量因素。

T

Turnover Run 推进速度练习

主要是为了提高轻松跑的速度，增加两腿交换的效率。20 ~ 30 米冲刺跑 10 趟，100 米跨步跑 12 趟或 200 米快速跑 8 趟，一个礼拜最少练一次，可于轻松跑后做。但是不要在强度练习后或者 LSD 的同一天做。

Tempo Run 节奏跑

也叫乳酸门槛跑。节奏跑是采取合理的速度奔跑，使身体恰好处在一个临界点上，有乳酸产生，但是量很小。这样长时间的配速训练会有效提高身体去除乳酸的能力和效率，乳酸门槛提高了，这也就意味着下次以相同速度跑步时，将不会有那么多的乳酸堆积在肌肉当中，运动员得以在感到疲劳前跑得更快更远。节奏跑最大的特点是均匀的速度，均衡有力，以最省力的方式达到最高效率，从而取得最好的成绩。

Vo2 MAX 最大有氧跑

Vo2Max 是人每公斤体重每分钟可以使用氧量的毫升数。一般来说，体能越强的人，Vo2Max 越高，可以达到的运动强度越大。许多研究表明，可以通过每周 3 ~ 5 次，每次至少 20 分钟，强度为 65% ~ 85% 最高心率的运动提高 Vo2Max。男运动员的平均 Vo2Max 约为 3.5 升 / 分钟，女的约为 2.7 升 / 分钟。一般来说全力奔跑 3~5 公里距离时的速度是最大有氧跑，对于 10 公里或更短距离赛事的帮助效果特别显著。而 5 公里、10 公里的速度是直接反映在马拉松成绩上的。

第一章
CHAPTER 1

漫跑人生

陈盆滨

固执跑男一执跑

在南极大陆奔跑

37 岁那一年，陈盆滨完成了他生命中最重要，也是最艰难的一场比赛。

在这个零下 30 摄氏度，常年九、十级大风的地方，即使是在室外行走都很艰难，毋宁说是在 10 个小时之内跑完 100 公里赛程。更何况，这个地方的名字，叫做南极。作为一个在海岛上长大的南方孩子，陈盆滨对南极的印象就是冰雪和企鹅。他还记得他上一次看到的雪是在 27 年前，他的家乡——浙江玉环县的一个小渔村在那一年突然下了一场鹅毛大雪，积雪有五六厘米厚："那时候真是没见过雪呀，于是大家全跑出来堆雪人、打雪仗，连学都不想上了。"

在飞行了四十多个小时之后，陈盆滨来到了南极大陆南纬 80 度的埃尔沃斯山脚下，旅途的疲惫被眼前看到的那片白茫茫的大地一扫而空。然而到了比赛的时候，恶劣的自然环境让一向意志力顽强的他也不得不低头臣服，跑到第五圈时，他的手指和耳朵没了知觉，衣服上都是汗结的冰，左手手腕也因冻伤留下了再也恢复不了的伤疤。

但陈盆滨仍是一行六人中最早迈过终点线的人，当他完赛冲进帐篷时，脑海里只有一个念头："我再也不要出去了。"可当别人递给他一面国旗时，两眼红肿的他却没有半点犹豫，跑进那片冰天雪地里挥舞着五星红旗。在那个瞬间，一个由他创造的奇迹就此诞生——他不仅成了世界上第一个完成七大洲极限马拉松大满贯的跑者，也是赢得世界极限马拉松赛事冠军的第一位中国人。来南极跑步之前，有人戏称，此行若顺利完成，他就可以集齐这个星球上的第七颗龙珠——南极洲——来召唤神龙了。

神龙没有召唤到，赞誉铺天盖地而来。一个普通人，因为跑步这项运动，一时间成了众人瞩目的焦点。即使是这样，他仍不愿意用"英雄"或者"大神"来定义自己："我只是个普通人，通过努力做了一件自己能做到的事。"

因为跑步而改变的人生

在陈盆滨的故乡，人们祖祖辈辈靠打鱼为生。小学毕业后的陈盆滨便跟着父辈们出海，经历了九年风里来浪里去的渔民生活。若不是他发现并善用了上天赐予的天赋，也许今天的他仍然留在那个与世隔绝的海岛上过着日复一日的生活。2000 年玉环县举办了一次俯卧撑比赛，陈盆滨报名参加，没想到竟然一口气做了 438 个，也由此领到了人生的第一笔比赛奖金：800 元。这钱比打鱼来得快多了，于是他四处打听，到处参加各种民间比赛：扛矿泉水、顶沙包、喝啤酒、定向越野……最多的时候，他一年参加了二十多场比赛。渐渐地，他发现自己最擅长的还是跑步——这几乎是一种天赋，因为他参加的第一个全程马拉松就跑了 3 小时 09 分，这个成绩直逼国家二级运动员水平——而且是穿着某主办方要求的皮鞋跑出来的。

2004 年，四处寻求赞助的陈盆滨遇到了自己事业上的第一位贵人，苏泊尔电器的老总给了他一份长达十年的合同。陈盆滨要做的，就是在名片上印上苏泊尔的头衔，然后全力奔跑。于是他开始没日没夜地跑，他没有辜负造物主的恩赐，而是用数倍的努力，将这份天赋发挥到极致。2009 年，“跑疯了”的陈盆滨拿到了 26 个与跑步有关的比赛冠军，成为登上美国《户外》杂志封面的第一个中国人。那之后，他有了更大的梦想——跑七大洲极限赛。那一年，他迈出国门，开始了追梦之旅。在他刚刚开始越野跑时，所有人都觉得他是个疯子，然而这个“疯子”却凭借着自己的努力和永不停歇的脚步，一步一步拿下了环勃朗峰超级越野赛、美国西部 100 英里（约 160 公里）赛、非洲地狱马拉松、大洋洲昆士兰 100 公里赛、斯巴达松 246 公里赛、南美洲亚马逊丛林 255 公里赛，以及南极 100 公里极地马拉松赛。

2014 年的最后一天，陈盆滨在朋友圈里写道:“2014 年这两天也太火了吧！火得我都快烧起来了。”从南极回来后，陈盆滨变成了得奖专业户，旅游卫视年度户外人物、中国越野跑媒体大奖、感动台州人物……掰着指头，陈盆滨怎么也想不起拿到的六个奖项里遗漏了哪两个，他说要回家看看才知道。他的家庭也因为他的努力有了一番新面貌，他在老家给父母花了一百多万盖了一栋 4 层小楼。陈父在家里做了一个专门用来放置他的奖杯和证书的柜子——他早已成了父母最大的骄傲。

2015 年 2 月 1 日，五棵松体育场，陈盆滨一路小跑到那片星光舞台，“CCTV 体坛风云人物最佳非奥项目运动员奖”的小金人被他高举过头顶。“这已经是我第三年被提名了，终于拿到了，心里当然开心啦！”回忆起那个时刻，陈盆滨仍有止不住的兴奋，“这可是中央电视台，也就是全国人民给我的肯定，是我到目前拿到的最高荣誉啦”。边说边笑的陈盆滨伸出左手摸摸头，一脸幸福，手腕上的疤痕在黝黑的皮肤上格外显眼，那是他的南极“勋章”，也是他去过的最远地方的证明。

跑步，将一个渔村男孩的命运彻底改写。无论对于他本人抑或他的家庭，都可以说是一个巨大的转折。他说起有一次去买相机，看到旁边的人在拿手机搜索他的名字，那种熟悉又陌生的感觉，让他有种恍惚。就在十几年前，他还只是一个渔村里的年轻渔民，以为自己会像父辈一样过一辈子那样的生活。

一百天跑一百个马拉松

2015 年，陈盆滨的目标是 100 天里跑完 100 个马拉松。从 2015 年 4 月 2 日到 7 月 10 日这 100 天的时间里，陈盆滨每天跑一个马拉松，全程 4219.54 公里，从广州启程，沿东南沿海跑到北京。7 月 10 日刚好是北京与张家口联合申办 2022 年冬奥会进入静默期的前一天，陈盆滨希望这个疯狂之举，能带动更多的人投入跑步和体育运动。每天都会有一个陪跑嘉宾陪他跑完一段或当天全程，这些嘉宾是来自体育界或其他领域的知名人士，因此每一次陪跑嘉宾的加入又会给这重复不变的马拉松带来新的活力。

4 月 20 日，他跑到了厦门，当天的陪跑嘉宾是中国“拳王”邹市明。100 天 100 个马拉松，不仅是为田径世锦赛助力，也是一场盛大的民间跑秀，他的举动会影响到越来越多的人加入到跑步的行列中。“我希望将来有十万，甚至更多的人开始跑步，开始去挑战自己！”说起梦想，陈盆滨的双眼闪着光芒，而他自己要做的，则是继续奔跑，“跑到 60 岁，再挑战一次七大洲极限赛”。

陈盆滨，这个固执的跑男，会像百日马拉松活动的名字一样，“一执跑”下去，而这一百个马拉松对他来说，也只是一个新的开始。

温凤麟

跑掉五十斤

跑步，是很多人展开减肥大业的首选项目，不需准备什么，只要“迈开腿、管住嘴”。但是坚持下来的人却寥寥无几，因为自身体重对膝盖的压迫，对于肥胖人士们来说，跑步比常人更加艰难。

再不运动就晚了

肉是一斤斤长上去的，就必须得一步步地跑下去。身高1.77米、体重偶尔已跌破70公斤大关的温凤麟如今依然秉承着这个理念，混迹体育媒体十余年，带过团队，背过黑锅，最后领悟到“运动即参与”，随即开始跑步生涯。从一个体重100公斤的大胖子成功瘦身，凭的可不仅仅是迈开腿，更是“管住嘴”。

作为一枚吃货，不管是西红柿炖牛腩，还是大盘鸡，都是他的最爱。然而这最爱总是会搭配一小碗白开水，菜进口前，他会先过下水、涮涮油。对此，他有这么个比方：如果你是富二代，不在乎花钱，那没得说。可如果钱是你一分分赚的，你当然会在意。体重的道理也一样，肉得一斤斤减下去的，那必须在意。

对自己“狠克制”的温凤麟在跑友圈儿，有个更被人常叫的名字：“三儿”，小辈叫他“三哥”或“三爷”。上小学时的三儿最爱温妈妈做的早点——一大碗飘满了海参的抻面，他能吃得面光盆净连汤都不剩。中学时期的三儿遇到的第一个难题——1000 米体测，要在规定的时间内绕着教学楼跑两圈简直是“天边儿的事儿”。到高中，温凤麟的体重接近 80 公斤。还好到了大学，温凤麟开始痴迷踢球，体重也恢复到了标准的 70 公斤。可惜好景不长，临近大学毕业，他的饮食搭配又奢侈地成了一大盘鸡腿炖肉、一大碗米饭——新疆菜才是他的最爱啊。不均衡的饮食、疏于锻炼、抽烟、沉迷网游，不规律的生活让他告别了玉树临风的潇洒，终于在 2010 年变成了个 100 公斤重的胖子。烦恼随之而来，脂肪肝、高血压和肾结石找上门。时年 28 岁的温凤麟意识到，再不运动就晚了。

跑垮两家健身房

彼时正好有朋友向他推荐公司附近的健身卡，500 元的实惠价让他动了心，本着“捡不着算丢”的原则，他开始在跑步机上迈开了长满赘肉的双腿。中午同事结伙吃饭，温凤麟一头扎进健身房，既不上量，也不刻意追求速度，长期跑着 5 公里的标配，直到跑黄了第一家健身房。尽管基数高，可一周 2 ～ 3 次的训练效果初现：甩掉了 10 公斤肉。忙着工作、减肥，一个月没回家看望父母，当温凤麟带着媳妇回到父母家小区的楼下时，遛弯儿的爸爸只认出了儿媳妇，对亲儿子一脸错愕。用“判若两人”来形容温凤麟减肥前后的变化简直再贴切不过：“胖的时候我像郭德纲，瘦的时候就像于嘉了。”

然而减了 10 公斤还不是他理想的结果，随后在家附近办了第二张健身卡。这一次，他将训练量从 5 公里增加到 8 公里，辅助一些器械训练，但是力量上不去，速度也提不上去，越减到后来越难减。这次，第二家健身房在见证了温凤麟减掉将近 5 公斤赘肉后，又黄了。为了继续降体重，他开始节食。但是一到晚上，他不停地脑补一幅画面：点菜、送餐、倒醋、拌面，“那种滋味儿简直太难受了！”

胖哥儿变身跑马型男

2012 年秋天，温凤麟参加了人生中的第一个马拉松——北京马拉松，半程，净成绩为 1 小时 50 分钟，一切似乎越跑越顺。但是，2013 年 3 月底，一场突如其来的大病让温凤麟在病床上躺了整整两个月。此时他才发现，跑步已经成了他的生活习惯，在病床上无法奔跑的他陷入了焦虑。大病初愈，休整两个月后他又重新开始跑步。病前每次跑 15 公里的温凤麟，此时只能 3 公里、5 公里地挪动。所幸跑步已经成为他的生活方式，渐渐地他的跑量又开始慢慢地增长，至今每月跑量稳定在 240 公里左右。

跑步不仅让温凤麟重回型男的行列，更给他带来如数家珍的回忆：在零下近 40 摄氏度的中俄边境，他裹着所有的衣服为陈盆滨跑南极前探路，这 18 公里的路上，是黑河边上姑娘们穿着露肩的婚纱大摆 POSE 的冻人风景；在伦敦海德公园，星星点点的夜空下，一回头，一只狐狸盯着他；海拔 3000 米的青海湖畔，在借着卡车尾灯光亮的 109 国道上，越跑越来劲儿的温凤麟边跑边嗷嗷叫。

跑步像血液般融入他的身体，不可分离。谁都知道，从 100 公斤到 90 公斤也许相对容易，可从 75 公斤到 70 公斤只会越来越难。这个过程，对别人来说千辛万苦，在他眼里，苦中充满着欢乐。早晨“翻蹄亮掌”，他在家附近的杨庄晨跑，12 公里、18 公里、21 公里是家常便饭，4 分多钟的配速让常人望尘莫及。

如今体重早已不再是温凤麟的烦恼，现在的他，作为网易跑步特约马拉松赛事评测员，也正在成为中国首批专业认证跑步教练的求学路上行进。跑步在带给他一个健康的体魄之后，更带给他一个跑遍世界六大马拉松赛的大大梦想。从 2012 年秋天参加人生中的第一个马拉松开始，这份梦想就像一个气球一样在心中不断膨胀。2014 年 1 月，厦门马拉松；

2014 年 3 月，完成郑开马拉松；6 月奔向兰州马拉松；8 月跑完秦皇岛；10 月北京马拉松抱着儿子撞线。2015 年 2 月 22 日，温凤麟站在东京马拉松的起点，触摸着那心中沉淀了许久的梦。之后，柏林、伦敦、纽约、芝加哥、波士顿，他会一个个跑下去，在他心里，一念既出，万山无阻！

喻舟

吃着跑完马拉松

每个工作日的早上 8 点，打开轻松调频广播，你的耳朵都会被一个元气十足的女主持的一声“早”叫醒。“大家好，我是喻舟，比喻的喻，小船那个舟。”这个声音通过无线电波，护送了一批又一批上班族在欢笑中走向各自的工作岗位，为开始一天劳作的辛勤的人们注入满满的正能量。

电台主播的花样人生

在过去的十年里，喻舟被大家认识最多的身份，是广播脱口秀节目《飞鱼秀》的当家女主播。她也坦言，《飞鱼秀》几乎占据了她生活的全部，和搭档小飞的合作也进入第十个年头。最初只签了五年的合约也无限延长，成了中国国际广播电台的终身员工。凡事追求“十分有趣！非常有趣！必须有趣！（重要的事情说三遍）”的喻舟总能在工作之余找到属于自己的乐子。画漫画是多年来一直在坚持的事情，主持人中出书的不在少数，但出一本漫画集的可真是不多。2014年出版的《我就是一个笑话》是喻舟给自己多年来坚持画画的一份答卷，也给了众多喜欢她的听众们一个了解她的平台。也许这本画集不能用普遍的标准去衡量，画风偏儿童，构图、着色等水平都有待提高，但是喻舟在成年人的年纪保留了一部分小朋友才有的原始状态，这是学不来的。喻舟说这本书就是以小孩儿的心态，秉承着自黑的原则，厚皮厚脸地把它完成的。但是，书卖得不错，她相信听众懂她。

跑步，是众多爱好中的最阴差阳错的一个，却换来了一大片柳暗花明。2013 年，本想利用下午可支配的时间去跳跳操的喻舟，办了一张健身卡，但是天不遂人愿，健身房里偏偏没她想选的课，只有一排排的跑步机。想想自己还有个闲置的 iPod（苹果播放器），正好可以边跑边听一些平时没空听的音乐，于是，喻舟站上了跑步机。

可这第一次室内跑，就把喻舟惊到了！“我居然一口气跑了五公里，而且一点都不累！”让喻舟更意想不到的是，这次跑步的初体验不仅给了她“重新认识自己”的收获，也给了她一个“重新认识跑步”的机缘。于是，和跑步这项运动阴差阳错了三十多年、没有试过就“累感不爱”的喻舟，从此一发不可收地上瘾了！

听着歌跑出了国门

在真正跑步之前，喻舟和大多数女孩子一样，觉得跑步枯燥、无趣、机械又无聊，和她所追求的“有趣”人生简直背道而驰：“我以前最讨厌跑步了，而且从来也不觉得自己还能跑多远。”可是偏偏这样一个觉得跑步是“全世界最无聊事情”的喻舟，却一边听着歌，一边跑出了国门。

喻舟人生中第一个半程马拉松选择了布拉格，跑过布拉格的老城广场、建于1410年的钟楼和跨越600年历史的查理大桥，配合一首首随机响起的歌，喻舟有一种莫名感动。音乐、美景、跑步三位一体地将她身体中那些潜在的运动细胞激活。跑过半程最艰难的时候，李宗盛的《山丘》从耳机里传来，喻舟自顾自地在跑道上哭得稀里哗啦。在她心里，以前很少刻意讨好自己，可跑步这件事却完全是自己交代自己做的。

而2014年的罗马，万城之城留下了喻舟“嘴里叼着半块苹果、手里拿着没吃完的香蕉”的形象。吃货喻舟惊喜地发现，跑步的乐趣，除了听歌，还有半路补给站的食物。来到下着雨的罗马，喻舟并没跑全程马拉松的打算，在她看来，全马至少是两到三年以后的事儿。可罗马的补给却给了她无穷的力量，让她竟然一路坚持到了42.195公里的终点。

罗马马拉松的补给站摆设得像自助餐的餐桌，20米的大长桌让喻舟大开眼界：“苹果、香蕉、橙子、血柚，不是水果，就是饮料，想着法子给你变花样儿。罗马的马拉松，是我遇到的补给最丰盛的地方。”美食的诱惑无可抗拒，喻舟跑到接近半程的终点时，兜里塞着最爱的巧克力威化，手里握着半根香蕉、嘴里叼着半块苹果，伙伴喊她名字时，才发现，喻舟一点都不像是个跑步的人，倒是个完完全全的吃货。

一路跑，一路吃

“一点儿也不觉得累”的喻舟当然接着跑了下去。不过，与其说“接着跑”，不如说“接着吃”。回忆自己第一个全马的经历，喻舟形容道：“就像是人家沿途扔了好多好吃的在地上，我呢，就全心全意投入到捡吃的这事儿上，不知不觉就把全程跑完了……”斗兽场、天使堡、台伯河，古罗马吸引世人的美景在喻舟脑海中没有留下太深的印记，心里只有被罗马人民一路投喂的动物般的满足感。到终点时，同行的同事看到她满嘴都塞满了吃的，都很惊讶，想问她累不累，她嘴里都是吃的又没法回答，大伙儿笑成一片。

喻舟的跑步总是与吃有关。来到兰州跑马拉松的喻舟，第一次知道这里地处高原，跑了 5 公里就感觉身体有些反应，坚持到 10 公里后，路边一家风味牛肉面馆让这个吃货停下了脚步，吃完一碗不加香菜的牛肉拉面后又接着跑了起来。像她这么随性的跑者可真不多见。喻舟一直坚持认为，不要让任何事变成艰难的事情。她说：“跑步一定要随性，本来就是个自选动作，干吗要搞得那么难，而不去享受它。”可以想象，喻舟的随性跑步就是跑累的时候大吃一顿，不累的时候边跑边吃。

说起跑步时最爱听的音乐，“小队长”台湾歌手卢广仲的名字被她反复提及。喻舟第一次喜欢一个歌手喜欢到一见其本人就会茫然到不知所措。卢广仲的歌曲在喻舟这里可是如数家珍：《只有夜来香》《慢灵魂》《陪我去青康藏高原》……

最开始跑步的那段日子，也是她最迷恋卢广仲的时候，卢广仲的歌给了她不少力量，跑步时几乎是整张专辑循环听。她也曾花痴地幻想过，如果有机会跟卢广仲共度一天，她会和他一起吃早餐，去野外玩，下午在大树底下看蚂蚁，傍晚的时候看夕阳，看夕阳的时候听他弹吉他。说起偶像来，喻舟也是一副十足的花痴少女模样。于是有这样崇拜的偶像的声音陪伴着她，喻舟跑过了厦门、上海、衡水、兰州、布拉格、芝加哥、罗马……所到之处，都留下了她有关跑步的故事。半路欢笑，半路泪水，一切都在告诉喻舟，跑步不仅有趣，而且深刻。

不跑步的时候，喻舟会给自己放长假出去旅行，用画笔记录旅行见闻。在她看来，跑步让她变得更坚强和自信，画画给她带来成就感和表达。画累了就去跑步，跑累了就去旅行。因为每件事情都是你想做的，所以不论哪一件都会给你带来快乐。而新的一年她最大的愿望是可以像自己很喜欢的日本绘画天后高木直子一样，把自己跑步的趣事画成故事，和更多喜欢她的人分享。

崔林娜

为了爱，跑出地球上最美的 5 公里

除了前任体育记者、创业新秀、自闭症患者家属、公益活动发起人……崔林娜身上的标签还有很多。但最为人所熟知的还是她作为“全球最迷你的马拉松也是最充满爱的 5 公里”Running Together（一起跑）的发起人，这些年为自闭症群体所作出的努力。

2014 年 5 月 25 日，由 8 名奥运会冠军、700 多个家庭、国内外近 2300 名参赛选手、5000 余名参与者共同参与的 Running Together 北京站比赛正式拉开帷幕。除了参赛人员都各自精心打扮、花枝招展地吸引着人们的眼球和闪光灯外，最引人注目的莫过于本次比赛的参与者中有 500 名自闭症相关人群——包括患病儿童、家长、特殊教育机构的老师。这些奔跑的人，用自己的身体和行动，写下了一句平淡却戳人泪点的话：孩子，等你回家。

来自星星的孩子

崔林娜自己是“星妈”，丈夫张钰鹏则是“星爸”，他们有一个来自星星的孩子——豆豆。当然这是国内一种对于自闭症孩童们的统称，这些来自遥远星星的孩子们，虽然近在咫尺，又好像远在天边。这种说法残酷又美好，而现实往往展现出残酷的一面来。

来京做记者的崔林娜经朋友介绍认识了北京医科大学毕业的丈夫张钰鹏，两人恋爱、结婚，女儿豆豆的降临原本应该给这个家庭带来更多的欢笑，却在一次诊断后给他们蒙上了阴影。好在两个人看得开，丈夫张钰鹏常说的一句话是“生活的一半是倒霉，另一半是如何处理倒霉”。所以即使他们创业遇挫、一家人被房东赶出门、女儿病情不见起色、被人骗钱、为租房四处奔走时，这个勇敢的星妈还是会打起精神去面对生活。

所以，在面对有可能终身无法像正常人一样与人沟通的女儿和被搅得一团糟的生活时，这个妈妈用尽全身的每一个细胞去感受那些美好的片段：陌生人的体贴、家人的包容、朋友的鼓励……所有的片段凝聚起来，组成了她前行的最大动力。在带着女儿求医问药的过程中，她渐渐发现，无论是自闭症儿童还是健康的孩子，运动的时候都是最快乐的。在那种放松的环境下，他们很开心，能够与他人融合。

一次在幼儿园里的遭遇，更坚定了她放弃工作和事业全身心投入到为自闭症儿童争取关爱的信念。那是 2009 年年底，冬季的户外格外寒冷。当幼儿园的老师找到崔林娜，用一种不容商量的口吻说出“能不能不让你家豆豆参加园里的联欢晚会？她爱动，让其他家长看到不合适”时，气氛则更加冷漠僵持。而一米开外，则是另一番景象：孩子们笑着叫着在筹备期待已久的亲子联谊会，老师用十足的耐心和热情鼓励每一个吵闹的小家伙——除了她的女儿豆豆。崔林娜愣了一下，下意识地看向身边难得乖巧的小姑娘，随即点了点头。然而在老师转身离开的那一刻，她却忍不住泪流满面——这一切只因为她的女儿是一个自闭症患儿。相比较之前陪着女儿求医问药甚至求神拜鬼的辛苦，这种来自社会的不解与歧视更让她感到难过与委屈。经过六年多的治疗，豆豆的康复渐渐步入正轨，进步也越来越明显，她终于有精力去做喜欢的事情，实现当时的那个愿望。

在豆豆成长和康复的几年中，崔林娜一直感受着身边的人带给她的爱：有爱心的老师每天到家里来给豆豆上课；年迈的父母放弃了老家舒适的生活来到北京，毫无怨言地陪着他们四处搬家；公公婆婆为了减轻她和丈夫的经济压力，卖掉了一套房来资助他们；丈夫医院的领导主动把他调整到了不用值夜班的门诊工作岗位，以便让他有更多的时间陪伴女儿；身边的同事朋友也找时间带着自己的孩子和豆豆一块儿玩……这许许多多一点一滴的爱心都那么弥足珍贵。也正是因为这一点一滴的爱和信念的支持，她越来越想做些事情来回报这些爱，让那些和她有相同境遇的人也能感受到这份爱，自信坚强地面对生活和困难。于是 2013 年初，崔林娜做了一个决定，顺从她的内心所想。崔林娜离开了创办的公司，开始筹划搭建平台，单独创立了一个公司和品牌：英飞创想和 Running Together 国际迷你马拉松。在创建之初，之前做过多年体育记者的她，想方设法充满正能量地诠释自己对体育的理解，最后思来想去，还是觉得跑步参与性最强，也是最自由的一项运动。于是她一拍板，就是跑步了。

为爱奔跑

于是 Running Together 诞生了，这是一个要将公益贯彻到底、帮助弱势群体的马拉松，一个能让人们看到希望的马拉松，也是一个家人可以一起参赛的马拉松，一个让参赛人体会团结力量的、爱的马拉松。Running Together 的规则很简单，也很特殊。参赛者必须以团队形式报名，情侣、家庭、同事、好友……都没问题。赛程只有 5 公里，或走，或跑都可以，不计成绩。赛事提倡参与者变装、画彩妆、花枝招展，可以扮成自己喜欢的角色，像童年一样无所顾忌地玩闹。赛事虽然迷你，却是这个地球上最最美好的 5 公里、最最有趣的 5 公里。它并非传统意义上的马拉松，而是在每一公里、每一米、每一步间表达这个社会对自闭症儿童的关注和爱护：迈左脚，迈右脚，然后再左脚，再右脚。阿姆斯特朗曾说："这只是我个人的一小步，却是整个人类的一大步。"对于那些一边笑一边奔跑的人来说，这虽然是属于他们的小小赛程，却是欢迎那些"星星的孩子"回家最通坦的大路。

鲜花、掌声和闪光灯洒满了 5 公里长的跑道，但除此以外，满满的爱意才是这项赛程最值得关注和回味的细节。北京的比赛，豆豆也参加了，小姑娘一路笑着叫着跑完了 5 公里。崔林娜已经有一个多月没有好好陪女儿了，虽然每天都回家，但早出晚归很少能见到女儿。比赛结束后回家看到女儿又长高了，整体上有进步，只是语言能力有些退步，更容易沉浸在自己想的事情里。

自闭症儿童的身体协调性、灵活性、平衡能力较差，学习体育运动很慢。比如骑自行车，可能要学大半年才能学会，所以家长必须有耐心。这些孩子们往往没有安全意识，但崔林娜坚信，运动有助于自闭症儿童的身心健康。让孩子参加体育活动，实质上就是统合训练，而不是把孩子当病人练，健康孩子能做的运动，他们都可以做。崔林娜创立 Running Together 的初衷，就是希望通过这个活动，让更多人了解、理解自闭症群体，“也希望那些‘星爸星妈’消除自卑心理，直面现实，为孩子搭建融入社会的桥梁”。

也许每一个人的人生都有缺憾，上天赐予了崔林娜一个来自星星的孩子，她努力用自己绽放的光芒去做一个温暖星星的太阳，她不光照耀到了自己的女儿，更将她的关爱传递给更多的家庭。对于崔林娜来说，人生就是一场马拉松，道路没法预测，却可以坚强快乐地跑好每一步，跑出一个又一个地球上最美的 5 公里。

About Running Together 关于一起跑

2014 年 5 月 25 日 Running Together 北京站，700 多个家庭、100 多家单位团体，5000 多人参赛。在这次活动中，发起了“助跑马拉松，温暖小星星”行动，联合社会各界力量众筹，为 9 家自闭症机构和公益组织的自闭症儿童家庭及老师提供了 519 个参赛名额、9 个篷房、530 件小星星 T 恤，合计捐助款项达 78,092 元。

2014 年 9 月 6 日 Running Together 敦煌站，近 5000 人参赛。活动中，资助甘肃敦煌转渠口小学的 80 名师生参加迷你马拉松比赛。活动还联合西北师范大学“爱·尚”微公益拍卖愿望，发动社会力量，众筹善款 12008 元为甘肃省白银市会宁县大口小学的 166 名学生捐赠校服。

2014 年 10 月 19 日 Running Together 为“宋庆龄基金会麦当劳叔叔之家”定制“为爱麦跑”家庭亲子跑比赛，为中国大陆的“麦当劳叔叔之家”募集善款，报名参赛的有 7000 多人，实到现场 6000 多人，汇集 2000 多个家庭。

2015 年，Running Together 还将跑进更多的城市、更多人的心里。

于嘉

在跑步中找回自己

央视体育解说名嘴于嘉的跑步，大多数时候跟他的家庭有关。

2012 年于妈妈生病住院期间，为了照顾母亲，于嘉经常要往返于单位和医院之间。但是这两个地方却偏偏都是不好打车的地界，就算遇上了也老被拒载。于嘉无奈掏出手机地图一查，两点之间直线距离还不到 5 公里，当下就澎湃了一腔热血，打不着车？跑着去！没想到跑着跑着，还真就把负情绪给跑没了。后来老太太身体痊愈出院，但跑步的瘾却自此扎下了根。于嘉在夏秋季经常会跑步上下班，他自述有两个好处不得不提：一是节省了支出，家里少了不少交通开销，最后干脆把车都卖了；二是增加了不少接受爱国主义教育的机会（他从家上班或去办事经常会经过长安街，于是常有机会看升旗或降旗）。碰上早晚高峰时段，看着堵得动弹不得的车流，他一路小跑，每一步都写满了惬意和幸福。

2013 年 5 月的布拉格马拉松，于嘉和媳妇林早早一起，在古城的街道徜徉于跑步的乐趣之中。作为一个早年间曾经因为抵制跑步而将自己老公微博微信拉黑的“落后”女青年，林早早竟然自觉自发地一口气跑了 10 公里下来。两个月之后，于嘉和林早早知道，原来当时参加跑步的已经不是他们两个人了，他家的第三口悄悄地陪着妈妈跑完了 10 公里。

走过终点 / 又是新的起点 / 什么让我们如此地眷恋。

——陈吉浙《旅途》

2014 年，于嘉的女儿出生了。于是这个骨子里敏感多愁、情绪波澜壮阔的天蝎座爸爸一直在思考的事情是：有个生命被带到了这个世界上，该怎么证明自己可以保护她？该怎么做才能让她觉得做我的女儿很自豪？因为找不到这些问题的答案，于嘉患上重度神经衰弱。女儿出生后九个月里，他入睡艰难，闭不了一会眼，凌晨 2 点、4 点、6 点必会惊醒，惊醒后便会去女儿床前看她一会儿，有时会乐，有时会流眼泪。睡眠质量之差以至于他自己都不愿回忆。在提及这段经历时他说：“我不喜欢这样的我，我觉得作为一个父亲，要让女儿感受到的是坚韧、无畏和乐观，而绝非是我这样一个神经质、悲喜无常、做事慌乱、莫名焦躁……我该怎么改变自己？准确地说，应该是找回我自己。”因此，当他踏上北极圈格陵兰岛康格努斯瓦克的土地时，他已经义无反顾地踏上了这趟名为“寻找自我”的旅程。可是在这个看似梦幻的地方，极光、北极熊、因纽特冰屋统统没有，以路况泥泞恶劣而臭名昭著的试车道倒是有一条，在这条路上举行的北极熊挑战杯马拉松赛就是于嘉此行的目的。普通人在这种极限环境下跑步并非易事，其一是因为环境之艰难：从起点开始，最初的 7 公里，是奔跑在万年冰盖上，必须佩带冰爪方可奔跑起来；跑出冰盖后，是绵延不绝的雪坡，而且风雪会突然袭来，毫无征兆。如前所说，这里曾经是测试汽车轮胎最大承受极限的地方。其二也是这一挑战杯最为残酷之处，比赛连续两天举行，第一天为半程马拉松，第二天为全程马拉松，连续在这两场比赛规定的时间内完赛方可获得北极熊奖牌。所以，虽然此项比赛已成功举办 13 次，但获得北极熊奖牌的总人数不足任何一次正规山地马拉松完赛者的一半。在这之前，没有任何中国人乃至亚洲人，完成过北极熊挑战杯。没膝积雪连迈步都不易，更不要提跑起来；温度随便一测就是零下二十多摄氏度，走在冰盖上一旦滑倒，甚至连个可扶的支撑物都没有……每个工作人员的夹克上，都印着“The coolest marathon of the world”的字样，最冷？最酷？最冷酷？谁知道呢。

于嘉带着满腹的迷茫和神经衰弱，带着焦虑、牙龈出血和呼吸不畅，开始奔跑在茫茫雪原上。冰盖、积雪、蜿蜒的赛道和寂寞的旅程，目力所及很少能看到其他的参赛者，唯一能听到的就是自己气管粗喘的声音和“咯吱咯吱”的踩雪声。而在这段寂寞的旅程里，于嘉遇见了 Mark（马克），一个 37 岁的纽约客，俩人在全马赛程中 32 公里处开始结伴前行，彼此激励，一时间鼓励、脏话满天飞，欢乐得不得了。接近 40 公里最后一个水站的时候，于嘉体力不支落在了后面，于是 Mark 决定先跑，跑出去几步好像想起来什么，又折返回来对着于嘉狂喊：“Yu，for your family，don’t quit !”（为了你的家人，不要放弃！）“For My Family，Don’t Quit !”（为了我的家人，不放弃！）原来他要找的答案，就在这儿！根本不用瞻前顾后，想那么多——他能够为家庭做的事情，就是直面一切，绝不退缩！冲过终点线的时候，他幸福满溢，已经没工夫痛哭了。他来了，他经历了，他找到了自己，他赢了。

一直以来在心中的梦想 / 是用一生改变这个世界 / 一直以来这闪光的心愿 / 指引我穿行世界。

——许巍《救赎之旅》

第 118 届波士顿马拉松赛过去 120 个小时后，于嘉恢复了日常上下班跑步的节奏，也开始回到工作岗位上开始解说他热爱的篮球比赛。生活一切如常，平静得似乎什么都没发生过。刚出生的娃娃还会不时哭闹一下，休养身心的爱人还在看她爱看的《RUNNING MAN》（《跑男》），然而回想起那一场跑步，仍然热血沸腾。

首先出现在他眼前的，是一根红色的樱桃冰棍。众所周知，从波马的起点霍普金顿开始，人们会在自家庭院的门口、广场上、小镇的道路两旁，自发地写出足够振奋人心的标语，或是拿出前一天购买的新鲜的水果，提醒着选手们自己的存在。那种气氛所体现出的热忱和欢愉，就像是庆祝一个城市的新生。在经历了上一届波士顿马拉松终点发生的恐怖袭击后，这个城市和所有热爱这项运动的人们一起，用最直白的方式来纪念这特别的一天，也用这样的方式，去庆祝这个波士顿的节日。

在半程跑出了自己参加比赛以来的最好成绩（1 小时 31 分）后，于嘉到了 29 公里的心碎坡处，已然出现难以为继的状态。阳光直射后脑，竟然有些晕晕的，对那些沿途打着“摸一下会有动力”“KISS ME”（亲我）标语牌的姑娘们已经完全失去了兴趣。于嘉就这样不断降速，经过一个又一个市镇，直到他看见了一个小孩子手里的红色冰棍。在山呼海啸般的加油声中，那个小姑娘怯生生地站在家里的长辈旁边，手里拿着一根红色冰棍，不知道该给谁递过去，她的眼睛里满是憧憬和期待，大概是希望有人真的能从她手里直接拿下。看着这个茫然的小姑娘，于嘉忽然想起了自己幼时的种种未能完成的期待，多么想有个人来成全我完成啊。尽管他从来没尝试过在马拉松比赛途中吃冰棍，但于嘉还是跑到她旁边，接过来，小姑娘又蹦又跳，高兴地和身边的人大喊大叫。那一瞬间，于嘉想起了自己的女儿。他猜想当她懂事以后，如果真的可以为她完成梦想，她也会高兴得如此这般。动力重新又回来了，还有 7 公里，他向着终点最后冲锋，一步不停地跑到了终点。

我们都是和自己赛跑的人 / 为了更好的明天拼命努力 / 前方没有终点 / 奋斗永不停息。

——李宗盛《和自己赛跑的人》

如今，于嘉和他的“嘉友跑”一直在为各种公益事业而努力奔跑着。2014 年，于嘉和“嘉友跑”一起接受了姚明的邀请，参加他倡导举办的“要跑——24 小时接力跑步活动”，比赛地在京郊延庆，环境有保证，24 小时的接力比赛，“嘉友跑”四位队员混编入姚明的明星跑团，不分昼夜完成这只有时限的长距离跑步。一同跑步的有世界冠军孙英杰、奥运冠军冯坤、著名表演艺术家濮存昕……只要跑团的 24 小时跑量超过 200 公里，中国人寿将为“姚基金”的希望小学捐出善款、篮球场地、篮球架和篮球。最终姚明的跑团总共拿下 238 公里，“嘉友跑”的四位跑友贡献了 84 公里，超过跑团总跑量的 1/3。而姚明也是真的用心在跑、开心在跑。用他的话来说：“从上跑道的一刹那，就找到了当初在球队里出早操的感觉。”

“嘉友跑”和姚明的“姚基金”合作整整一年，“嘉友跑”的奔跑在 New Balance（新百伦）品牌的协助下为“姚基金”希望小学的孩子们募集到了 3000 多双童鞋。到如今，姚明终于成了“嘉友跑”的一分子，公益注定会和奔跑的脚步结合得越来越紧密。“嘉友跑”参赛选手的职业、身份、背景都不相同，但在跑步过程当中收获的快乐却非常相似。

因为跑步，每个人都发现了那个久违的自己。这种简单而大众化的运动就这样逐渐成为于嘉和他的嘉友跑跑团成员生活的一部分，他们相信，跑步和公益的结合，在愉悦自己的同时，终将改变许多人的人生。

仇乾阳

90 后小城青年的跑马人生

在西安读完大学后，90 后浙江小伙仇乾阳回到了他的老家——小城乐清，在邮政局做起了揽收包裹的工作。小城的生活平淡，节奏缓慢，对于生性爱热闹的仇乾阳来说，如此早地过上了朝九晚五的生活，实在是一种精神折磨。

“跪着”跑完第一个马拉松

身边的同龄人，闲暇时间要么打牌喝酒，要么沉迷网游。仇乾阳不愿意和他们一样，过那种一眼看得到头的生活。身体里流淌着运动血液的他自中学便开始练习跆拳道，获得过浙江省青少年组 54 公斤级比赛的冠军，是国家一级运动员。但高考面对第一个人生抉择时，仇乾阳听从邮政系统父母的安排，放弃了报考北京体育大学的机会，学习了邮政相关专业，毕业后回到了乐清市邮政局工作。眼瞅着自己就要像父辈一样，在这个岗位干一辈子。他虽然踏实工作兢兢业业，心底里却总有一股说不出的想要翻腾的劲儿。在这个安逸的小城里，上班干活，下班和同事喝酒，周末睡觉发呆，他开始感受到说不清道不明的迷茫，可是又不知道不满足的地方在哪里。一封来自 Nike（耐克）的邮件，把杭州国际马拉松开始报名的消息带给他。没怎么多想，他报名了。

于是 2011 年 11 月，脚蹬一双休闲鞋，仇乾阳稀里糊涂地站在了杭州国际马拉松的起跑线上。但跑着跑着，他被沿途风景吸引住了。杭马的前 10 公里绕着西湖跑，后面大半段则是沿钱塘江跑，沿路都有水为伴，吹着风，仇乾阳第一次觉得跑步也是如此心旷神怡的一件事。

但是第一次跑马拉松，仇乾阳不仅毫无跑前训练，更是没有思想准备。跑了 10 公里左右，就已经累得不行，他只能跑跑走走。当时比赛的关门时限是 5 小时，仇乾阳硬是咬牙坚持跑完了全程，终于在 4 小时 59 分 35 秒，离关门时间只差 25 秒时到达终点。没有胜利的喜悦，他只感觉双腿沉重，直接跪在了地上。

跑马，是为了收集奖牌

跪着到达的仇乾阳获得了人生的第一枚马拉松完赛奖牌，奖牌的一面图案是西湖美景三潭印月。拿到精致漂亮的奖牌，仇乾阳十分喜悦。尽管这次马拉松让他的右脚磨出好几个血泡，之后的一周腿也疼得没法正常走路，但带给他的收获还是让他下定决心要继续参加马拉松比赛，不求成绩第一，只为完赛奖牌。一个儿时喜欢收藏橡皮擦和鼻烟壶的年轻人，萌生了收集奖牌“召唤神龙”的想法，开启了撒丫子跑遍各地各国马拉松的疯狂模式。

转眼三年时间过去了，这个 90 后的阳光大男孩跑完了 101 场马拉松比赛。和大多数马拉松爱好者不同，仇乾阳跑马拉松的主要目的是收集奖牌，没把比赛成绩看得多重要，最慢跑过七八个小时，中途遇到好的景色就停下来，饿了还会和同伴吃碗面。“不喜欢争个高低，这样会很累”，小城青年仇乾阳不仅懂得马拉松，更懂得慢生活。

2014 年第三次跑杭马，正好是他的第 100 场马拉松比赛。当顺利完赛后接过组委会为他颁发的奖牌时，他站在终点线上兴奋地向大家展示他身上包括这次杭马奖牌在内的 97 块完赛奖牌——至于为什么不是 100 块，并不是他有三次没有完赛，而是因为海南儋州和贵州六盘水两地一共三次，都不颁发完赛奖牌——大家不得不庆幸地感慨，还好仇乾阳不是处女座。

在跑步和工作中协调人生

三年 101 场马拉松，平均算下来，就是几乎一两个星期就要跑一场。很多人不解，朝九晚五拿着工资的他是如何做到的。但仇乾阳说，如果你想完成一件事情，总会有办法解决。国内的比赛，他总是周末匆匆赶去跑完，周一又恢复到正常的工作中；有时上午在另一个城市跑完马拉松，下午就赶回来上班。因为常年运动，仇乾阳总是活力满满，即使坐了一夜火车，也照样铆足精神认真工作。而国外的比赛则是利用长假、年假出行，在跑马的同时还游览了当地名胜，实在是一举两得；在没有假期的时候，他会选择调休，连续工作一段时间后攒上一周或更长的时间，把几个地方的马拉松串起来一气儿跑完。

我们常听闻某某一边上班一边去了多少个国家旅游，但是坐几个小时飞机跑完几十公里立马再飞回来，则真的不多见。跑步的人好像随时打满鸡血，永远保持着一副清醒的头脑和满格的体力。除了单纯的精神鼓励外，或许还跟跑步时大脑能分泌让人产生快感的多巴胺有关。这种负责大脑情欲、感觉、愉悦的神经递质，为跑步的人带来最单纯的快乐与兴奋。

仇乾阳被这种物质刺激着，跟随着马拉松比赛跑遍了全国，跑向了世界。三年，仇乾阳已经去过 40 多个国家了，很多勤奋的旅游者都未必能赶超这个记录。跑 100 场马拉松的报名费、路费、机票、酒店的费用加起来不是个小数目，三年来，仇乾阳把所有的工资都用在了跑马拉松上。也许有人会说他跑得太“过”，但万万没想到的是，这个跑马的汉子在这个广为人知的特殊爱好之外，平常竟然从来不跑步，这简直要让所有每天埋头苦练的围观跑者大跌眼镜。平时的他，既不热衷于运动装备，也不在朋友圈晒路线和成果。跑步之于他，既不是刷存在感，也不为解压，更不是所谓的“边跑边思考人生”。年轻的仇乾阳只是踏进马拉松为他打开的一扇大门后，就充满欣喜自得其乐地继续跑在路上。马拉松既像导游又像导师，带他看风景，也带他认识世界。更重要的是，马拉松把他放弃报考体育大学，未能留在大城市打拼的遗憾冲淡了，把他顺遂平淡的日常生活中和了。

王小波说：“一个人光有今生今世是不够的，他还要有诗意的世界。”仇乾阳就这样一边跑着马拉松，一边收获了文学家口中诗意的平行世界。小城青年不用打碎原有的生活，不用让父母担忧失望，也不用辜负自己，就在马拉松这个平行世界里，开启了一个有点小刺激、有点小激动的人生，带来了热情、希望、樱花、卢比和黑啤。

王晓刚

赤足跑出新事业

王晓刚的笔名Sean和《乐跑宝典》的作者Sean Lerwill（肖恩·勒威尔）同名，他正是这本书的中文译者。翻阅国内相关的跑步专业杂志时，这个名字总是伴随着马拉松出现。有时，他是个译者，架起一座中外马拉松跑友沟通的桥梁，通过他的文字，你感叹于美国独臂跑者简森·莱斯特的坚韧；有时，他是个发现者，花椒毛豆、乞丐哥，这一个个有鲜活形象的草根明星正是通过他的慧眼，才走到了大众台前，被人认可、追捧；有时，他摇身一变，又是个细致、严谨的教练，2013年的北京马拉松，111个赤足跑者在他的带领下壮观开跑，46人胜利完赛，也成为那一年北马沿途别样的风景线。每参加一次比赛，他都会以幽默纪实的风格写一篇数千字的赛记，让众多的跑友可以感受同样的快乐。

国内首批 VFF（五趾鞋）跑者

和其他的跑者不同，王晓刚是国内首批 VFF 赤足马拉松跑者。赤足跑，顾名思义就是以赤足的状态跑步。这种自然的跑步方式并非突然出现，而是源自于人类的运动本能。一直以来，在全球各地都有许多赤足跑者，赤足跑步的好处早已得到专家、教练和运动员们的支持。渐进式的赤足训练能够强化脚部和小腿肌肉，使跑姿更自然，跑步更轻松。与穿传统跑鞋跑步姿势对比，赤足跑步有更自然轻盈的着地方式，避免脚跟着地时的剧烈撞击，从而避免对膝盖和脊椎的运动伤害。但是在现代，赤足跑对人类已经被包裹在鞋子中上千年的娇嫩足部提出了考验。如何在回归赤足跑这种原始又传统的跑步方式的同时又能保护足部不受路面的磨损和伤害呢。

好在现代科技和制造工艺为跑者们提供了各式各样的功能跑鞋。自 Vibram FiveFingers 在 2006 年推出了五趾鞋以来，赤足跑成为每个跑者都能实现的事情而成为热论的话题。Vibram FiveFingers 五趾鞋既能够让跑者获得赤足跑步的益处，同时又避免足底皮肤受到地面磨损。在穿着 VFF 赤足跑鞋跑步时，不仅能更自然地以前脚掌着地，而且能让脚部肌肉以完全自然的方式进行运动和锻炼，同时在各种表面上都能提供有效的抓地力和保护。但是五趾鞋问世以来，却因其独特的外形和过于贴近地面的触感而让很多人难以接受。作为国内第一批“吃螃蟹”的人，自 2010 年开始穿上 VFF BIKILA（一种五趾鞋）跑步的王晓刚，这一跑就跑出了一道独特的风景。如今已经成为 VFF PRO 成员的他更是 VFF 赤足跑教练，正通过他的努力，带领更多的人感受赤足跑的乐趣。王晓刚迄今共穿 VFF 鞋跑了 5 个全马：2011 年北京马拉松，2012 年石家庄、郑开、天津、张北马拉松。他还穿 VFF 鞋跑过其他跑步赛事：2011 年北京国际长跑节，2012 年黄崖关长城越野赛，OAKLEY（欧克利）顺义 10 公里比赛，金融街小马拉松赛，雁门关长城越野赛等。

辞职只为专心跑步

王晓刚在跑圈被很多人认可，有着诸多身份的他已经把跑步当作自己的一份事业来做。对于自己辞去外企高管工作、放弃稳定优渥薪水的决定，王晓刚从来没有后悔过。

2006 年，在北京邮电读 MBA 的王晓刚获得了英国政府的全额奖学金，然而仅仅在英国生活了不到两年，王晓刚的“中国胃”就已经受不了英国单调的饮食了，决定重投祖国美食的怀抱。回国后猛吃了一阵，直到某天突然惊觉自己的体重已经飙到了 92.5 公斤。作为一个对自身形象有要求的企业高管，跑步成了他减重的首选。那一年他有 250 天在奔跑，跑过了 1700 公里路，瘦了 20 公斤。2010 年，在跑友 Eric（埃里克）的游说下，此前从没连续跑过 16 公里的王晓刚站在了北马的起点，5 小时 17 分完赛。

这一次比赛成为王晓刚跑步事业的开篇，完全没过够瘾的他知道自己还会接着跑下去。勤奋的王晓刚开始琢磨怎么跑不受伤，怎么跑能更快。为了获得专业答案，他边跑边翻阅各类专业书籍来丰富自己的跑步知识，海外留学背景让他在阅读国外专著时毫不费力，更趁着闲暇翻译了不少关于跑步的著作。无形中，他已和别的跑者在理论上拉开了半个身位。作为一名文青，每次完赛后都会在第一时间趁着内啡肽还在，写一篇文章记录一下当次的比赛情况，顺便抒抒情。2012 年，跑完雁门关长城越野赛的王晓刚在博客发表了名为《雁门飞渡》的文章，这为他打开了一扇门。国内最专业的跑步杂志《跑者世界》的主编晏懿辗转找到了他，这篇文章正式发表在《跑者世界》，他靠跑步赚到了第一笔收入。

邀约纷至沓来，《跑者世界》《健与美》《山野户外杂志》，哪里有跑步，哪里就有王晓刚的文字，很多杂志开出的稿酬标准也是业界顶尖。与此同时，在商场混迹多年的王晓刚靠着他敏锐的嗅觉，抓住了“跑步遍地是生意”的各种商业机会，开始担任一些跑步训练营的培训教练。他还会为各种跑步相关的厂家提供咨询服务，参加一些线上线下的活动，担任比赛顾问等，这都成为他这份副业的收入来源。关于跑步的工作邀约不断，日程紧张到了要在主业和副业之间取舍的地步。恰在此时，他就职的外企被收购，尽管手握原始股，但部门的裁撤、岗位的变动，还是让王晓刚下定决心：离开，全身心做跑步事业。

把跑步变成事业

“自由”了的王晓刚平时的生活节奏很是规律：早晨 7 点起床，送 5 岁的孩子上幼儿园，之后进入工作状态：写写稿，或者忙忙训练营以及相关杂事。若得清闲，就去换身装备跑跑步。下午接放了学的孩子回家后，他会停止工作，全身心陪孩子玩耍。王晓刚开玩笑称，自己的家庭回归到了“母系氏族社会”，妻子在外打拼，自己则花更多的时间陪伴孩子成长，说这话时，他的脸上释放着踏实、自得的笑容。

习惯了做管理工作的王晓刚有过统计，投身跑步的第一年，只花不挣；第二年，挣得很少很少；转眼到 2013 年，芝麻开花节节高，王晓刚从跑步上挣的钱，已经比花费高出了一大截；2015 年，王晓刚编译、撰写的第六本与跑步相关的书籍即将面世，而他每年在跑步这项新事业上的收入，已经和曾经的外企高管薪酬持平。这让那些曾经对他的选择产生疑问的人们沉默了，让那些萌发过和他一样的想法却没有勇气实施的人们自惭自省，也鼓舞更多和他一样将爱好拼成事业改变自己人生轨迹的人去勇敢跑出一条新路线。

毛大庆

人文企业家的跑步情怀

跑掉抑郁症

时任万科高级副总裁、北京公司董事长毛大庆在传闻中“世界末日”的 2012 年，因为事业、生活上的种种压力开始酗酒，作息失调，生活节奏紊乱。恶性循环的生活状态让毛大庆每天只能睡可怜的两个小时，而恰恰在这个时候还被医生诊断出了抑郁症，他陷入自己的末日。

拿着医生给他开的一口袋抗抑郁的药，毛大庆有点懵。他总觉得像他这种性格，不太像是得抑郁症的人。医生说种种迹象表明他确实得了抑郁症，还属于比较严重的。看着那些药上面吓人的治疗幻觉和恍惚的症状时，毛大庆拿不定主意到底吃不吃。就在这些药将吃未吃的时候，毛大庆认识了田同生，那段时间正是万科掌门郁亮召集全体员工跑步情绪最高涨的时候，郁亮语录曰：“管不好自己的体重，没法管好自己的人生。”但是毛大庆却因为当年初升高考试时跑步不达标而未能如愿进入清华附中的心结让他对跑步非常排斥。轰轰烈烈的跑步运动席卷全公司时，毛大庆总是躲在厕所里逃避，可这毕竟不是长久之计。毛大庆作为公司高层，不担当表率带头跑步实在是有失民意。一来二去，就觉得这事儿，想躲也躲不开。这时田老师就说：“你跑跑试试呗，我中学跑步不及格，现在还跑得可以呢。”于是毛大庆就这样被田老师拽着，开始他的奥森跑步之旅。

跑步一个多月以后，毛大庆就开始产生继续跑的欲望。冯仑对他说，什么是能触动你真正的变化？就是把它变成随身携带的需要。随身携带的需要，确实能让人有无穷的动力。随身携带的需要，得是正能量。于是毛大庆把跑步变成了他随身携带的正能量，越跑越快乐，越跑越自在。跑着跑着，在坚持几个月之后毛大庆发现自己的精神状态变好了，这个时候，他早把忧郁症跑到了脑后。

马拉松里的人生哲理

跑步给了毛大庆健康的身体，也给了他第二次生命。以前一直自嘲说“小脑不发达”的毛大庆，终于克服弱点跑出了一片坦途。和所有热爱跑步的人一样，马拉松是他们这个信仰的最高殿堂。对于这个有着人文情怀的企业家来说，在马拉松的 42.195 公里里面充满着关于人生问题的解答。这里面什么答案都有，关于竞争，关于如何看待快与慢，关于撞墙走不下去，关于职业疲劳，关于如何找准自己的位置，关于如何笑到最后……所有的一切都能在跑步中找到答案。在跑了好多次之后，毛大庆的人生发生了很大变化，这是种超越体育的、心灵的净化。在他看来，能不能征服自己，要比征服外部、征服他人、征服世界、征服对手更重要。

再没有哪种运动，能给他这么多的答案。很多人问毛大庆，你跑步的时候在想什么？他仔细想了想，好像什么都没想。确实什么都没想，就是关注呼吸、节奏，每次马拉松都有一段最舒服的时候，就像一头鹿在奔跑，周围的风景都不重要，你是主角，这是一种非常美妙的享受。跑步最大的快乐就是把自己放空，一个人要强迫放空自己很困难，那就去跑马拉松，跑完马拉松，就彻底放空了，每次跑完马拉松，就什么都忘记了。

作为一个逻辑严密的企业家，毛大庆也会用科学的思维去看待跑步。比如跑步刚开始时，身体中的一种酶会成为跑步动力，但是这种酶供应的能量只能管一小段时间。如果一开始跑得飞快，酶在几百米就消耗完了，会很难受。我们身体里另外一种激素内啡肽，要达到一定的时间，才会分泌。酶用完了，内啡肽又没有分泌，如果黑色窗口期很长，是无法长跑的。不懂这个道理的人，跑几次就会没信心，而大多数能成功的人，都会掌握这个技巧，在跑步的时候不去追求速度，而是跑一个自己觉得舒服的速度。在跑步的技巧上毛大庆也总结了自己的经验：跑步双脚离地，要慢不要太高，跑得多了，就能慢慢悟出动作；跑步要坚持至少 3 公里，由于内啡肽的分泌至少要二十分钟，如果坚持不到，那就跑不了长跑。他还发现，3 公里到 5 公里是一个门槛，然后很快就到了 10 公里。开始跑步两个月的时间里，自己的身体就开始发生了变化，突然觉得一下快乐了许多，精神也好了很多，中午也不困了。跑步后，困扰毛大庆许久的失眠问题也解决了。最初他一晚上只能睡两个小时，跑步后可以睡四五个小时，最后终于拥有了高质量的睡眠。

在郁亮轰轰烈烈的跑步活动带动下，万科的很多员工把之前喝酒这个随身携带的需要换成了跑步，万科员工的这个状态有点类似于信仰。于是毛大庆经常说，如果你没有信仰，那就把跑步当成信仰。在他看来，马拉松是一件可以持续干的事情，不是羽毛球、高尔夫球可以取代的，马拉松饱含哲理。爱上这项运动，某种程度上是一种信仰，这种信仰确实是一种随身携带的需要。通过马拉松能感受到很多体育文化和人文的东西，还可以游历不同的地方和城市，完成其他许多事情。说这话的时候，毛大庆已经跑完了 22 个马拉松，足迹遍布国内外几十个城市。

爱跑步也爱人文

除了爱跑之外，毛大庆还有另外一大爱好：写。《城市人居生活质量评价理论研究》《一口气读懂新加坡》《北京绿皮书》等专著让你知道，他其实还是个注册建筑师，他用笔描绘着自己眼中世界各个城市的魅力之处。而“童梦京华”两卷——《永不可及的美好》《无处安放的童年》则是毛大庆在飞机上、咖啡馆、公园里有感而发的怀想。这两部近二十万字的散文集让很多人有一种“无处找寻那些熟悉的气息、触觉和画面，偶尔在梦里奋力地想要去抓住，醒来却总是留下湿润的枕巾”的感觉。

2014 年百感交集地参加完波士顿马拉松后，他写下了这样的感悟：波士顿是个顽强的打不倒的城市，波士顿的人民也是。如果你没有信仰，请把跑步当成信仰，你的一生都会跑在朝圣的路上！波士顿马拉松是我 2014 年马拉松的总结，却也只是我人生奔跑路上的一个分号。

对于未来，毛大庆说，虽然不可能跑遍全世界，但有些地方一定要去，比如希腊的雅典，法国的波尔多，中国的铁木真马拉松也一定会去参加，因为那几乎是全程都在内蒙古大草原上奔跑的一场比赛。已经编译过专业跑步书籍的毛大庆，打算将来出版一本反映马拉松文化精神的“跑步集”，讲述自己对于人生的种种思考。重霾之下第一次做出放弃 2014 年北京马拉松的决定之后，毛大庆用细腻的文字讲述了弃赛的原因和对重霾的思考：我深知雾霾不会立即散去，但我相信雾霾终将散去，因为有那么多热爱跑步的人坚定地奔跑在推进这座城市进步的大道上！

徐濠萦

用跑步定义幸福

徐濠萦的微博中从来不缺少跑步和时尚的话题，这几年她已经渐渐地摆脱了“天王嫂”这个称号。人们谈起她，不再是首先想到她的老公陈奕迅，而是在谈论她的事业和她在跑步上取得的成绩。她凭着自己的努力，将几年前那个被负面新闻包围、被老公光环环绕的“肯尼亚徐”远远甩开。

在跑步中获得幸福

2015 年的农历春节前夕，她转发了一条公共主页跑步心情的微博，原文是：“做一个幸福的人，读书、跑步、努力工作，关心身体和保持好心情，成为最好的自己。”而她的评论则是在说，自己大概已经找到幸福。可以如此坦然地说自己找到幸福的人不多，在明星中更是寥寥无几。但是，“肯尼亚徐”的这条微博，是她几年来跑步生涯的一个小结。

身为明星，生活本就曝光在公众视线之下。香港媒体的无孔不入，也众所周知。在与陈奕迅电光火石的浪漫过后，徐濠萦淡出演艺圈，与 Eason（陈亦迅）迈入婚姻殿堂，成为名副其实的“天王嫂”。作为天王背后的女人，看似风光耀眼，却有道不尽的无奈。转战时尚潮牌圈的徐濠萦数次被推上风口浪尖，屡屡被拍到她在奢侈品柜台一掷千金的画面，2012 年港媒爆出 23 名艺人涉嫌吸毒的名单，徐濠萦也赫然在列。歌神太太、争议潮人、时尚咖、话题女星……在众多负面新闻的棒杀下，徐濠萦开始了她疯狂的跑步生涯。

从小就擅长体育的她形容自己早养成了“一直跑来跑去”的习惯。回忆起与跑步的结缘，还要追溯到小学时代。 百米跑、跨栏、跳远这些男孩子们的强项，徐濠萦也都乐在其中，还以不错的表现入选了学校的田径队。因为有着良好的运动底子，徐濠萦从一开始跑步就不是心血来潮。混迹娱乐圈的明星，大多都很在意自己的身材，徐濠萦也不例外，尤其是嫁给陈奕迅后，塑身和减肥成为她婚后再次跑步的动力。徐濠萦开始了长跑，刚开始时，她只是跑四五公里，后来开始慢慢加量。

一跑就停不下来

跑步为徐濠萦带来了和之前不同的曝光，人们看到一个健康、阳光的“肯尼亚徐”。她留着短发、穿着背心、露出小麦色的肌肤，挥汗如雨的样子让很多人对她改观。最初，人们还以为她也只是玩票而已，然而接下来几年她在各大比赛中取得的成绩却给了当初那些不看好她的人一个响亮的耳光。

2012 年年初，徐濠萦拉着电台 DJ Donald（唐纳德）和朱薰组成了 The night runners（夜跑者）的夜跑团小试牛刀，参加了马拉松组的 10 公里赛事，徐濠萦的成绩惊人：50 分钟。这次之后，她不停歇地开始了一次次的尝试。跑步像一剂“迷药”，让她“中毒”不浅。

最耀眼的一次公众露面是在 2013 年 12 月 2 日上海马拉松半程 1 小时 52 分完赛，恰逢生日，陈奕迅香槟美酒和玫瑰为妻子庆生让众人惊呼：“原来陈奕迅的老婆这么能跑！”徐濠萦开始在跑圈内声名鹊起。跑步之于很多明星，更像是作秀——陈冠希跑了一次便告别了马拉松赛道，越来越多的明星初尝长跑却更像给品牌代言，只是拍拍照上上头条，毋宁说跑完全程。但徐濠萦不同，从 2013 年上海马拉松到次年 2 月 16 日香港马拉松的两个多月时间里，她的训练认真又足量——

12 月 2 日，21 公里，1 小时 52 分；

12 月 9 日，30 公里，3 小时 03 分 29 秒；

12 月 17 日，32 公里，3 小时 02 分 49 秒；

1 月 1 日，12 公里；

1 月 4 日，36.1 公里，3 小时 32 分 56 秒；

1 月 8 日，16 公里；

1 月 18 日，32 公里，2 小时 58 分 51 秒；

2 月 5 日，17 公里。

这当中，30 公里以上的 LSD 便有 4 个，这还不包括辗转各大秀场期间在当地的训练。从徐濠萦晒出的跑量上看，她每月有 200 公里左右跑量，平均配速在 5 分 50 秒左右。于是她的再次出镜，变成了她和她的教练一起为了备战马拉松赛季猛刷香港城变态的上下坡的画面。也有被拍到和陈奕迅在雨中慢跑，甚是浪漫。以前苦于躲避狗仔，现在的徐濠萦开玩笑道：“狗仔想跟上我的脚步，可没那么容易了。”

港星里最能跑的

在香港完成首个全程马拉松三周后，徐濠萦又出现在名古屋女子马拉松——地球上最大的女子马拉松赛事上。尽管 40 公里处几近抽筋，仍跑出 3 小时 50 分的全马 PB。一个半月后的华盛顿女子半马又跑出 1 小时 46 分的半程 PB。翻看徐濠萦的训练日志，她确实是个很快速的跑者，10 公里左右的路跑都可以在 50 分钟内完成。相比那些玩票的明星跑者，徐濠萦跑的实在要有诚意得多，马拉松出成绩自然也是理所当然了。

2014 年 6 月 8 日，NIKE 第一次将女子马拉松系列赛带到大中华区——台北女子半程马拉松，徐濠萦应邀参赛。赛道上阿徐遇到她的跑步偶像 Joan Benoit（琼 · 贝努瓦），一脸幸福，最终徐濠萦以 1 小时 56 分跑完半马，这个成绩对她来说难度不大。看看徐濠萦近年来的跑步履历你就会明白，现在的“肯尼亚徐”在跑步圈的地位并不只是因为“潮人”或者“天王嫂”的加持轻易得来的——

2012　渣打香港马拉松 10 公里；

2012　台北 NIKE 女生路跑 10 公里；

2013　渣打香港马拉松 10 公里；

2013　名古屋女子马拉松半程，约两小时；

2013　台北女子 10 公里；

2013　Hood to Coast 接力赛；

2013　旧金山女子半程马拉松，1 小时 52 分 07 秒；

2013　上海马拉松半程，1 小时 52 分；

2014　渣打香港马拉松，3 小时 52 分 04 秒；

2014　名古屋女子马拉松，3 小时 50 分（全程 PB）；

2014　华盛顿女子半程马拉松，1 小时 46 分（半程 PB）；

2014　铁木真草原马拉松极限挑战赛半程；

2014　上海马拉松 10 公里；

2015　渣打香港马拉松，3 小时 52 分；

2015　东京马拉松，3 小时 45 分。

每一次的奔跑，徐濠萦都不断刷新着自己的 Personal Best（个人最好成绩），而跑步对她的人生而言，则已经上升到一个足以去定义“幸福”的高度。她让自己跑步的足迹遍及世界。因为混迹时尚圈，常常会在东京—巴黎—伦敦—香港之间飞行，而她常常下了飞机就会换上自己的跑步装备先跑个 10 公里才会投入到当地的工作中。跑步之于她，已经变得像呼吸那样自然，占据并丰富了她的生命。虽然号召老公陈奕迅跑步失败，但她还是希望之前跑 1 公里就要喝 3 次水的女儿康提能在长大以后，更加敢于运动、敢于跑步。

如今的徐濠萦专注、执着，找到了自己的幸福。她曾经有一段话，特别适合用来形容她自己："我好独立，由小到大自己解决事情，因为，我钟意靠自己。"因为她在跑步中，找到了另一个真实、独立的自己。

刘力扬

为自由而奔跑

昔日的快男超女红极一时，如今有多少还以歌手的主流身份出现在大众的视线中呢？这个圈子总是很残酷。不过，那些暂时消失的歌手们也许只是在别的地方找到了更好玩的东西而已。

对于 2006 年超女季军的刘力扬来说就是如此，以独特造型和不俗唱功出道的她现在依然留着一头干练的短发，每次新专辑的造型也会吸引一片菲林。生活中的她，既是一个歌手，也是一个跑者；既是一个潮人，也是一个生活家。微博上不时关于跑步的话题以及和运动品牌合作的新闻，都透露出她是一个把跑步爱到骨子里的人——作为一个曾经脚上打过七根钢钉和一块钢板的人，这种对跑步的爱还真的是“深入骨”。

在黑暗里跑步照亮前路

那次意外并非来自跑步。2006 年，她捧得超级女声全国季军的奖杯，签约天娱，正式成为音乐人，一条看似平坦的演艺之路就此铺开。然而命运却在一开始就开了玩笑，当年的 10 月 30 日，刘力扬和谭维维在长沙为某品牌拍摄广告，拒绝使用特技替身的刘力扬，亲自上阵，从一个大于 45 度的陡坡上滑下来，意外落在陡坡和海绵垫之间的地面上导致足部骨折。本来做了石膏固定后以为只要好好休养就能恢复，却没想到复查时发现二次骨折，于是不得不手术治疗。医生为她植入七根钢钉和一块钢板后告诉她要接受一个残酷的现实：未来不能进行剧烈和大强度的运动。

她没哭喊着哀叹命运的不公，也不想计较过错方究竟是谁。大多数时间，一声不吭的她给自己泡脚，做复健。她想早点儿回到她心心念念的舞台唱歌。这位来自军人家庭的姑娘有着特有的坚毅——常人从手术到复健到能下地走动要四个月的时间，而她只用了两个月。七根钢钉和一块钢板在她脚里待了一年半，直到 2008 年进行二次手术时被取出。

与此同时，刘力扬的演艺事业也屡受挫折与打击。在天娱的事业并不如她所想的那么顺利，在发表了首张个人 EP《提线木偶》后，虽然获得了新加坡金曲奖最佳新人奖和最受欢迎女歌手的提名，事业却一直打不开缺口。好在这时，新东家向她伸来橄榄枝，台湾著名唱片公司华研音乐，费尽周折，花费近千万台币违约金，将她从天娱赎身。于是她的演艺事业的重心转移到了台湾。初到宝岛，一切都那么新鲜，公司重视、星途明亮、粉丝追捧，让刘力扬的演艺事业一片坦途。《我就是这样》《天后》《礼物》等代表作一首接着一首。可是渐渐地她发现，公司安排的音乐路线和自己对音乐的理解之间，有一条鸿沟，其实这些没有对错，只是她不想再做被规定的自己。

经历了一年多的消沉，刘力扬在 2012 年初带着专辑《旅途－心歌》离开了华研。在娱乐圈沉浮六年，她想找到最初的自己，在那段迷茫无助的时光里，她与跑步相遇。

和跑步谈了场疯狂的恋爱

小时候因为 800 米长跑而受尽折磨的刘力扬以为自己这辈子可能跟跑步没什么关系了，加上曾经的脚伤，医生的嘱咐，却都架不住小伙伴热情的邀请。她站在 2013 年上海马拉松健康跑的起跑线上，抱着玩玩儿的心态，跑完 5 公里觉得意犹未尽，于是撒开了腿朝着 10 公里飞奔，把陪跑员远远地甩在了后面。在这次跑步之前，她跑过的最长距离是在楼下公园试跑的 3 公里。参加比赛的感觉和自己想象中的完全不一样，兴奋的跑者，热情的观众，周到的赛事服务，让尝鲜的刘力扬一下子就跑 high 了。跑到 8 公里时，出现了极点的刘力扬犯起了嘀咕：不是说拐个弯就到终点，为何还不到？那一次，初上跑道的刘力扬获得了 10 公里挑战艺人组第二名。虽然拐角没来到终点，却从此开始了一场和跑步的恋爱。

跟跑步的热恋期持续了很久，具体痴迷到什么程度，她自己也说不清。作为艺人常常会有很多通告和时尚活动，结束后大家都会去 After party 玩一圈，但刘力扬却每次结束后直奔酒店换好健身装备跑过瘾了，再洗澡更衣去派对。于是酒店的健身房常常有这样的一番画面：一旁是刘力扬在跑步机上挥汗如雨，一旁是穿着礼服的小伙伴在默默等待。

“大家都形容我跟神经病似的，可没办法，就是迷。”因为在那时，刘力扬已经默默地给自己制定了下一个目标：完成 2014 年初的华盛顿女子半程马拉松。

功夫不负有心人，对跑步的不懈坚持换来了华盛顿半马的顺利完成。清楚自己是菜鸟的刘力扬没有刻意去跟别人拼速度，她告诉自己，坚持下来就是胜利。尽管天气有些热，还要经受时差的折磨，可刘力扬还是顺利完成了初考。“不过，那时我还是不太懂呼吸和配速，训练也没那么系统专业。”对首秀的这番小结，也为之后她败北台北马拉松埋下伏笔。

华盛顿马拉松之后紧接着就是 6 月的台北马拉松，天蝎座的刘力扬秉承着“对自己狠一点”的态度，要继续挑战台北半马。她想摆脱现实中的一切困扰，向着未知世界奔跑。她想勇敢迈出这一步，做自己喜欢的事情，哪怕不被人理解。此刻的跑步于她仿佛走火入魔，成了一个心结，反而忘记了初衷。她在台北的目标是突破之前的成绩，做到最好。备战的过程中，即使遇到状况不佳的时候，她都在心里鞭笞那个挣扎的自己：“你连跑步都坚持不下来，还能干什么？”

一次台马，一次新生

巨大的压力和不规律的作息，让她总有大大小小的疾病缠身，一直没办法调整到最好状态的她，在赛前最远一次备战只跑了 15 公里。带着悬着的一颗心，刘力扬在开赛前夜才匆匆赶去台北。午夜到达，睡了三小时后，便出发去台北马拉松的起点。出发之前，她灌下一大杯咖啡提神，惊呆了一旁的徐濠萦：“你也太拼了，怎么可以这样！”

站在起跑线上，刘力扬突然明白确实不该这么做。她只跑了一公里就岔气了，赶紧深呼吸逼着自己硬调。然而不懂得呼吸和配速让她吃了大亏。在硬撑了 12 公里后，她开始头晕、气短。6 月的台北，气温和湿度都很高，而格外闷热的天气更是让所有人都叫苦不迭。那一次，坚持下来的只有资深跑马达人徐濠萦等极少数人，大家嬉笑着在终点处拍照，刘力扬的难受却在心中蔓延，虽然没有任何人要求她必须完成得多好。这类性质的比赛对很多艺人来说不过是到此一游，但争强好胜的刘力扬却结结实实被这次的失败伤到了。

接下来的很长一段时间，她将自己的跑鞋放在了一边，好像热恋后的第一次争吵，又像是争吵过后的冷战。此后，冷静下来的刘力扬开始审视自己，给自己压力太大了，紧盯着所谓的成绩，把跑步带来的快乐都逼得消失。跑步让她学着跟自己握手言和，对她来说，跑步和音乐是相通的，跑步和音乐都能够让她感到快乐，为何不能把两者结合起来呢？找到方向的刘力扬意识到，要摆脱曾经的束缚，追求自己内心的快乐。

“我知道否定自己的可怕，想开了就觉得没必要这么做，我要给自己一条活路。”她开始把精力都放在音乐上，做自己一直想做的那些音乐，联系杰出的电子音乐的地下音乐人，也创作跑步的音乐。沉寂了三年之后，她终于拿出了让自己满意的作品——*Set You Free*，这次大玩电子曲风的她一改以往的风格，还大胆创意跨界拍摄了全球第一支运用光绘技术的 MV。

其实这三年刘力扬一直在尝试着各种改变，不仅成立了自己的工作室，在音乐创作、音乐企划和编曲等方面也得到了相应的提升。*Set You Free* 更想表达的是一种独立宣言，想告诉一直关心她的粉丝和朋友，一个更加独立的刘力扬已经出发，向着自己的梦想进军。跑步让她找回了一种只属于她的自由和力量，这也是她的新歌 *Set You Free* 想表达的。

新歌发表后的某一天，刘力扬又忍不住翻出跑鞋，和跑步和好如初握手言和。好像是多年的恋人，在闹了半天别扭之后，觉得还是他最好。于是，跑步和音乐再次成为刘力扬生活中的两大动力，只是这一次，不再纠结和迷茫。即使即将开始的复出之战仍然是台北半马，她也不会给自己压力了。对她来说，唯一恐惧的，只有恐惧本身。当内心足够坚定时，刘力扬不再惧怕那些恐惧。她不想计较成绩，也不会在乎有多少高手超过了自己，她只想让跑步为自己的身体助力，只想奔跑在路上，带着她的决心与勇气，去享受风吹的畅快和自由，目标清晰坚定一如始初：为自己的健康快乐而奔跑，为自己的音乐梦想而歌唱。

很多人都说，人生就像一场长跑，他们想说的是应该不懈地奋斗。而刘力扬说："人生就像一场长跑，把握好自己的节奏，你迟早会把那些对手甩开。"

第二章
CHAPTER 2

成为全天候跑者

心动了吗？也许你现在已经跃跃欲试了，但这可不仅仅是买双跑鞋就能开始的简单事。看看书店里那些连呼吸都能分析 200 页的跑步专著吧，关于跑步，你还需要了解更多。本章节精选了各个阶段跑者的常见问题，进行针对性答疑，总有一款适合你。

基础篇

学会这些就上路

Q1➢ 怎样跑才能坚持下去?

绝大多数的初跑者往往几周就坚持不下去了，他们通常都是错在了起跑线上。做好一件你原本陌生且并未完全掌握的事情，熟悉方法论很重要。这其中，规避一些常见的错误是让你坚持下去的重要途径，尤其是跑步这件事，避免了下面三种错误，你就成功了一半。

跑步常见错误 NO.1——跑得太快！

虽然很多人都会自谦说“年纪太大”“太重”或者“跑不快”，但他们真正跑动起来的时候还是会跑得比他们应该使用的配速更快。这样会导致运动的强度超过自己的承受能力，所以无法坚持太久。全球顶级专业跑步杂志《跑者世界》的专家巴德·科茨给初跑者的建议是**“不要关注配速，而是关注强度——使用舒缓、可控、放松的强度”。**强度的标准可以用“谈话测试”来衡量——如果在跑步过程中你可以边跑边跟旁边的人聊天，还能不受呼吸等方面的影响，则说明强度是可控的，整个人的状态也处在“跑得舒服”的区间；反之，如果说两个字就上气不接下气，就说明跑得太快了，必须调整速度慢下来。

跑步常见错误 NO.2——跑距太长！

初跑者总有种莫名的激情，非一口气跑个三五十公里才觉得自己是在跑步，“过犹不及”就是用来形容这种情况的。所以请初跑者务必牢记，超负荷的强度不但会让你在跑步过程中呼吸受阻并且感觉不舒服，更严重的是这很可能会让你的身体受伤，从而无法完成接下来的跑步计划。相反，以舒适的配速跑上一段舒适的距离，能让你的身体渐渐适应，并变得真正强壮。罗马并非一天建成，良好的身体素质也是。所以，在初跑阶段，最重要的一件事就是告诉自己：别着急，慢慢来。

跑步常见错误 NO.3——跑姿不对！

中国长跑第一人陈盆滨在谈到跑姿时表示，跑步动作看起来很简单，但如果姿势不正确，不仅达不到理想中的健身效果，还有可能给身体带来不可逆转的损害。因此，掌握正确的姿势对初跑者来说至关重要。然而大多数人觉得跑步是一件和走路一样人人都会的事情，所以往往穿上跑鞋抬腿就跑，而没有研究自己的跑姿是否正确、是否会因此而给身体带来损伤。绝大多数初跑者由于不正确的跑姿，在跑步中给自己带来很多不必要的阻力与麻烦，进而影响了在跑步中收获喜悦和快感，最后无法坚持下去的原因也多在于此。关于正确的跑姿，请移步至“调整跑姿”查看详细说明。

Q2➢ 如何热身和拉伸?

避免了上述三个常见错误，要开始做做跑前的准备工作了。这其中，热身与拉伸必不可少。很多人觉得热身没有必要，跑步的同时就是热身，殊不知就连 F1 方程式在正式比赛前都要跑一个“暖胎圈”，以便让赛车能更好地适应赛道，更何况是我们如此精密复杂的人体呢?

A. 跑前热身

跑前只需要一般热身即可。所谓一般热身，就是相对轻松的身体活动，强度不大，时间也不会持续太长，大约 5 到 10 分钟，使身体微微出汗即可。通常会分两步完成，第一步是拉伸肌肉，第二步是活动关节。

一、热身时你需要拉伸的肌肉：大腿后部、大腿内侧、

小腿、背部

1、拉伸大腿后部肌肉

坐在地上，右腿在体前伸直，左腿弯曲，外侧贴近地面，与右腿形成三角形，背部挺直，从胯部开始前倾，双手抓住右脚脚尖，保持这个姿势 30 秒，手触脚尖时不允许有弹动式动作，要尽量接触到脚尖，不要抱着随便做做的心态。30 秒后换另一条腿，每条腿保证拉伸 3 ～ 5 次。

2、拉伸大腿内侧肌肉

方法一：坐姿，双脚脚底在身前相互贴紧，膝盖向外撑并尽量靠近地面，双手抓住双脚踝，保持这个姿势，数 10 下，放松，然后重复 3 ~ 5 次。

方法二：坐姿，双脚在体前伸直并分开，保持背部和膝盖部挺直，从胯部向前屈体，双手从腿内侧去抓住双脚的脚踝，保持这个姿势，感觉大腿内侧被拉紧，放松，然后重复 3 ~ 5 次。

3、拉伸小腿（后部）肌肉

俯身，用双臂和一条腿（伸直，脚尖着地）支撑身体，另一条腿屈于体前放松，身体重心集中于支撑脚的脚尖处，脚跟向后、向下用力，感觉到小腿后部肌肉被拉紧，保持紧张状态，数 10 下，放松，重复 3 次，然后换另一条腿做 3 次。

4、拉伸背部肌肉

坐姿，双腿在体前贴紧伸直，上身前倾用手指去碰触脚尖，尽量让腹部胸部靠近腿部，保持 20 秒，放松，然后重复 3 ~ 5 次。

二、热身时需要活动的关节：肩关节、胯关节、膝关节、踝关节

1、肩部环绕练习

直立，双腿分开与肩同宽，手臂自然下垂，腹部用力收紧，双肩利用肩背肌群力量向后环绕 10 次，再向前环绕 10 次。单肩左右交替向后环绕、向前环绕各 10 次。

2、摆胯及绕胯练习

直立，双腿分开略比肩宽，双腿微曲，手放在胯骨上。

上身正直，利用腰胯力量使胯部左右摆动各 10 次，注意腹部收紧。然后顺时针逆时针环绕各 10 圈。

3、扭膝旋转练习

两腿并拢，屈膝半蹲，两手扶膝，轻轻转动膝部，可以先从左至右转动，再从右至左转动，各自转动或交替转动 10 ~ 15 次。

4、脚尖环绕练习

直立，抬起右脚离地 15 厘米左右，脚跟固定脚尖画圈，顺时针逆时针各 10 圈，而后换左脚。

B．跑后拉伸

跑后的拉伸锻炼更重要，因为可以有效缓解运动之后的肌肉痉挛，降低神经和肌肉的兴奋度，是最好的休息也是使身体轻松下来的方法。

动作很简单，但要求每个动作都要到位且坚持若干秒钟，才能达到应有的拉伸效果。下面就给大家推荐适合初跑者练习的 5 个基本拉伸动作。

1、下背部和腘绳肌的拉伸

双脚与肩同宽站立，双手互相扣在背后。腿伸直，身体尽量前倾，同时双手尽量举高。保持这个姿势 8 ~ 20 秒。在这个体姿下，松开双手，并向下移动双手，抓住小腿。稍稍向下拉动身体，以增加拉伸度，保持姿势 8 ~ 20 秒。然后弯曲双膝，松开双手，缓慢地直起身体。

2、直腿小腿拉伸

站立位置与墙的距离略大于手臂长度，也可以站在墙壁旁边。手臂向前伸展，与肩膀处于同一高度，身体前倾靠近墙面，手掌抵住墙壁。伸出右脚，同时左脚完全贴在地面上，左膝打直。向墙的方向移动臀部，如果需要，可以弯曲双臂，感受一下小腿的拉伸。保持姿势 8 ~ 20 秒，换另一侧重复练习。

3、屈腿小腿拉伸

弯曲膝盖后，重复直腿小腿拉伸的动作。

4、股四头肌、腘绳肌的拉伸

双脚与肩同宽站立，站立位置与墙壁的距离略大于手臂长度，也可以站在树或其他结实东西的对面。手臂向前伸展，与肩膀处于同一高度，身体前倾靠近墙面，手掌抵住墙壁。向后伸出右手，在身体后侧抓住右脚踝。尽可能向上拉脚踝，同时从臀部位置向前倾，左腿保持笔直。保持姿势 8 ~ 20 秒，换另外一侧重复练习。

5、臀部、髂胫束的拉伸

站立时双脚并拢，身体右侧对着墙壁，并与之距离一臂远。身体向墙的方向倾斜，同时笔直地伸出右手，抵住墙壁作为支撑。双腿和右手手臂保持笔直，将臀部推向墙壁，左臀稍稍向前转动，保持姿势 8 ~ 20 秒，换另一侧重复练习。

Q3➢ 跑步岔气怎么办?

或许每个人在小学体育课绕着操场跑圈时都有过这样的经验，跑着跑着突然间觉得肚子右下角疼得像是肠子拧在了一起，通常我们把这种情况叫做岔气，医学上称之为“呼吸肌痉挛”。

首都体育学院运动人体科学系教授姚鸿恩介绍，岔气大多是因为剧烈运动前，准备活动不够或者未做准备活动，人体突然从安静状态进入紧张状态，内脏器官很难立刻动员起来，肌肉运动所需要的氧气和营养物质无法在短时间内得到供应，因此出现痉挛。

那么遇到“岔气”应该怎么解决呢？姚鸿恩教授给出的建议是：在跑步过程中一旦出现岔气，并不一定要立刻停止运动，可以及时调整呼吸节奏，放慢呼吸频率，坚持一段时间后大多数岔气症状会自然缓解，对身体健康并无影响。

TIPS

应对岔气小贴士

1、改变外表浅呼吸，加深呼吸，吸气慢而深，用力向外呼气，这样可以吸进大量空气，满足运动时氧的需要，使呼吸肌放松下来，消除疼痛。说得再通俗一点，就是请你深呼吸。

2、调整呼吸节奏，把呼吸节奏与跑步频率配合起来，做到二步一呼一吸或三步一呼一吸。

3、若用以上办法疼痛还不能消除，可以深呼吸后憋气，用力叩打（手握空心拳）胸腔两侧或肋下疼痛处，然后慢慢地深吸几口气，重复几次可使呼吸肌逐渐放松，痉挛缓解。

4、剧烈运动之前，做好准备活动，使呼吸肌逐渐适应较快频率的收缩，不致引起痉挛。

5、冬天锻炼尽量用鼻子呼吸，若用口呼吸时，要半张口，让冷空气从牙缝中进入口腔，防止冷空气过分刺激。

掌握以下三点技巧，你还可以为岔气的跑友排忧解难：

1、将岔气者上肢举起，向岔气部位相反的方向伸展，伸展上肢的同时让岔气者深吸一口气，憋住气并保持几秒钟。

2、用手掌在岔气者的后背中部叩击。叩击的部位不能太靠下，要在腰部以上，叩击的力度要适中，叩击的同时还要大喊一声，目的是让岔气者在惊吓中把憋在胸中的气体散开。

3、将一只小臂架在岔气人的腋窝处，使劲向上提，同时另一只手抓住岔气人的手臂下拉，一提一拉，重复 3 ~ 6 次。

Q4➤ 跑步会伤膝盖吗？

关于这点一直充满了争议，很多人也以此作为拒绝跑步的理由。不可否认，任何材质的东西在长期受力的情况下都会有所磨损，作为膝盖组成部分的骨骼、肌肉、韧带和半月板等也会面临磨损等问题。但是和金属材料相比，人体最大的优势就在于对环境的超强适应力。举例来说，就像手掌磨得多了，会长出老茧，从而坚固耐磨一样，经过长期锻炼的人体骨骼会更致密，肌肉会更强壮。也就是说，越锻炼，你膝盖的耐磨性就越高。（还记得小时候老师经常会语重心长地对你说，“大脑会越用越聪明”吗？）但如果跑步过程中产生的磨损和冲击力超过骨骼肌肉自身的承受能力，或增加运动强度的幅度超过骨骼肌肉的成长速度——想象一下，一个从不跑步的人一上来就铆足了劲跑一万米，那他肯定会受伤。

想要做到在跑步过程中尽可能减少对膝盖的损伤，一方面需要**我们尽可能减少对膝盖的磨损和冲击，另一方面在长期的运动中提高自身骨骼肌肉的强度**。因此选择科学的训练方法才是王道。

A. 控制跑量

关于跑量的递增量有不同说法，比如每周不超过 10%，或是 5%。但事实上每个人个体差异极大，而且跑量基数也不同，单纯用百分比来控制只是一个统计学上的结果，并不是非常合理，因此每次跑步时的感受非常重要。这种感觉就是肌肉和身体的疲倦程度，以自己能承受为标准。

B. 控制强度

即便每天只跑 2 公里，也不代表你就可以肆无忌惮地玩命猛跑，这样很容易弄伤你的膝盖——特别是在肌肉保护还不够强大的情况下，一个有经验的跑者，速度训练量基本都不会超过总训练量的 10%，且一般每周只有一次间歇速度训练。至于初跑者，则根本不用安排什么速度训练，只要合理累积训练量，同时安排好休息，成绩自然就会稳步提高。

C. 调整跑姿

作为初跑者，姿势正确很重要。从你穿上跑鞋迈开腿的那一刻起，就要注意随时调整你的跑姿，以避免错误的动作和姿势对身体造成的损伤。这一点对初跑者来说尤为重要。只有在一开始就掌握正确的跑姿，养成良好的跑步习惯，在之后的跑步中才会越跑越顺畅。

1. 不扒地

跑步时，不要用脚部扒地（注意脚底与地面的高度），而是用髋关节、踝关节发力，带动小腿蹬地前迈，以此产生向

前的推力奔跑。在腾空时，要注意放松，在蹬地的一瞬间，大腿肌群和小腿肌群尽量保持放松，主要用髋关节的力量。

2、落地缓冲

试着从脚跟先着地变为前脚掌先着地，再由此过渡到全脚掌，这么做有两个好处：一是脚接触地的时间短，能适当提升跑步速度；二是能更好地缓冲落地时地面对膝盖的冲击力，起到对脚踝、膝盖的保护作用。

3. 摆臂

摆臂是为了保持身体平衡性和协调性，使身体自然摆动，不过跑步过程中，摆臂的幅度尽量放小，自然曲臂（握拳或者开掌）前后摆，并与运动方向保持一致。

4. 抬头挺胸

上半身和头部自然直立，稍往前倾，这样可以改善你的呼吸循环系统；绝大多数初跑者在跑步时容易弯腰驼背，整个上

半身往前栽，而这样会让你无论是看起来还是跑起来都很累。

5. 用腰发力

如果在跑步过程中需要提速，则可以试试将髋视为发力的中枢，以髋带动腿，提高对髋关节肌肉的本体支配，从而达到提速的目的。

6. 放松

跑步过程中整个身体应当处在一个相当放松的状态，只专注几个该用力的肌群，剩下的肌肉放松。注意小腿不需要抬太高，否则会消耗过多体力。

D. 选择一双有避震功能的跑鞋

一些人在买跑鞋时有个误区，觉得轻才是王道。但是通常市面上超轻跑鞋的鞋底都较薄，在跑步时当脚掌接触地面时，由于缺少了鞋底的缓冲，从地面反射过来的力对膝盖的冲击较大，从而损伤膝盖。因此选择一双有避震功能的跑鞋对于膝盖不是很好的初跑者来说至关重要，有了一双好鞋的保护，跑起来更加安全和放心。一般来说，普通的运动品牌在产品细分上虽说会有跑鞋，但是由于技术和设计的限制，因此建议选择专业品牌的跑鞋，比如亚瑟士，鞋底部分会添加特有的 GEL（啫喱），穿上感觉弹力十足。具体还可参考第三章里的品牌进行挑选。

Q5➢ 怎样跑最减肥?

所谓“管住嘴，迈开腿”，减肥是很多人投身跑步事业的最初动力。但是跑多快、跑多久才能达到减肥的最佳效果呢？答案因人而异，但其中有一个通用原则就是看心率。跑的速度太快，持久力必然大幅降低；跑的速度太慢，心率又达不到燃脂的高度，所以保持适当的心率才是燃脂的必要条件。研究表明，想要达到最佳的减脂效果，运动时的平均心率至少要达到个人最大心率的 70%，如果能达到 75% ~ 80%（所谓的最高有氧运动区）则更好。这样持续跑步 30 分钟之后，你的身体才会开始燃烧脂肪，因此减脂持续的时间和你所燃烧的脂肪成正比。

马拉松教练陶绍明为减肥跑者们给出了以下几条建议：

1、较为肥胖的同学不妨先从快走开始，不要急着跑步，等体重降下来之后再开始跑步。因为体重过大，对膝盖的损伤也会比较大。

2. 减肥的目的其实就是减掉身体多余的脂肪，30 ~ 60 分钟的有氧跑最有效。一般情况下，慢跑的前 30 分钟，会主要消耗碳水化合物，再过 30 分钟，作为第二能源的脂肪才会被燃烧起来，所以，要想达到减肥的目的，有氧运动最少要持续 30 分钟以上。

3. 早晨跑步燃脂效果最好。在睡眠期间，碳水化合物已经作为能量被消耗了不少，所以早起去跑步，体内脂肪马上就能作为第一能源直接燃烧起来。也就是说，早起跑步可以缩短燃脂之前的时间，让你在同样的跑步时间内，减掉更多的脂肪。

4. 最少坚持三星期。罗马不是一天建成的，脂肪也不是一天就可以灭掉的。坚持有氧运动至少三周以上，每周坚持跑步 4 ~ 6 次，同时饮食上务必注意少油少盐，方能见到效果。

Q6➢ 跑步应该怎么吃?

健身界常说，三分练七分吃，用在跑步这件事上也是如此。吃，永远都是个严肃的课题。要想跑得好，吃的问题你也得认真对待。

云南楚雄跑吧的创始人马武亮是马拉松国家一级运动员。46 岁的他在 2014 年波士顿马拉松赛中取得了华人选手中第一名的好成绩。可在他刚刚开始专攻马拉松时，很多教练和医学专家却都像商量好了似的，一起给他泼凉水，“他们说我不适合跑马拉松，体型偏瘦，再加上饮食上面一直都是普通人的结构和习惯，因此训练量一大，我体内积蓄的能量根本撑不下来 42.195 公里。”从那之后，他果断调整了自己的饮食结构，按运动专家的建议改善饮食，最终成为了马拉松草根大明星。

每天凌晨 5 点起床，绕城 20 公里，傍晚 15 公里，已经成为他近 30 年雷打不动的习惯。如今致力于推广跑步运动的他强调，如果在吃的方面不加注意，马马虎虎，就等同于在以一种不健康的方式跑步，结果适得其反。

A. 跑步前

初跑者跑不了多久就会有两种常见的感觉：饿得慌或撑得慌。在跑步前短时间内，不应该吃得太多，可空腹跑又确实会导致体力不支。解决这个问题的最好方法就是，**在跑前一个半小时到两小时内，吃少量容易消化的碳水化合物以及低脂肪、低纤维和低蛋白质的食物**。比如吃点面食、馒头、面包等碳水化合物，这些比米饭更容易消化；或者适当喝小米粥、红豆粥等做补充，因为谷类中含有蛋白质。

应当注意的是，跑步前不要吃下大量正餐，因为肠胃的消化吸收需要一至两小时，最悲惨的状况就是你这边开始跑步了，可那边胃里还没排空呢，上下“颠簸”的胃会引起腹部不适或剧烈绞痛，让你不得不捂着肚子终止跑步。不过在出发前的 5 分钟，你还有时间可以吃些小吃，比如香蕉。

B. 跑步中

在进行长距离跑步途中，为了保持体力，可以适当补充些水分以及香蕉和能量棒。

C、跑步后

跑步结束后身体处在相对较弱的状态，每个器官的功能都处在相对较低的水平，跑完后的 30 分钟，需要为身体补充一些养料来恢复体内的糖原含量。此时该吃些什么呢？马哥建议说，可以少量多次补充一些热的软质食物，比如饮料、果汁和稀饭等。选对了吃的东西，可以让你在短时间内活力充沛。

如果跑步单纯为了减肥，在平日里的饮食方面更要留意。高级健身教练范芳杰给出的建议是：严格限制高热量、高脂肪和高胆固醇的食物。比如肥肉、动物内脏、油炸食品、冰激凌、甜点、奶油蛋糕等等，有些食物能生吃尽量生吃（例如蔬菜水果），这样热量低但营养价值高。

Q7➢ 跑步会让小腿变粗吗？

不少姑娘在跑过一两周后就会一脸悲愤地跑来投诉：跑步之后，非但体重没有下降，小腿的浑圆程度却呈直线上升趋势！

“慢跑会让你变‘大象腿’么？”大满贯单打四强的著名网球运动员郑洁的康复师舒潇给出了很明确的答案：“不会！

事实上，慢跑是会让腿变细的，当然也要分情况。如果你是天生的竹竿腿，慢跑会让你的腿变得粗一点、更有线条一点；如果你是藕节腿，慢跑则一定会让你的腿变细。”藕节型腿，就是我们平常所说的“象腿”，在那么多长跑运动员中，你发现谁的腿是藕节型的吗？没有。人体的肌肉纤维由红肌和白肌构成，红肌的纤维较细，属于耐力持久、超级节能的肌肉类型。坚持慢跑，可以让你的白肌转化为红肌，反映在外观上就会显得小腿更加纤细、修长。

有些姑娘会觉得小腿会变粗，主要原因有如下两点：首先，跑步后会感到小腿很疲劳，有酸胀紧绷感，便自顾自地认为小腿在“长粗”，其实这真的只是一种错觉；其次是方法不对，高强度剧烈的无氧运动有可能让小腿长肌肉，而有氧运动只会减去多余脂肪。《跑者世界》健身教练、罗代尔集团健身主管巴德·科茨认为脚的哪个部位先着地跟腿变粗并无必然联系，但是要记住，脚落地时，膝盖应该稍稍弯曲，脚应该置于身体下方，而不是置于身体前方。慢跑之后，对小腿肌肉的拉伸是避免出现“象腿”最有效的手段，关于如何拉伸小腿，参见前文 Q2。

Q8➢ 生理期能跑吗？

和男性跑者相比，女性跑者们面临的烦恼稍微多了一些——比如每个月“大姨妈”串门的那几天，跑还是不跑实在让很多女性纠结不已。那么，有没有可能带着“大姨妈”

一起奔跑呢？

北京体育大学运动医学研究室教练陆一帆说：“女性在生理期期间进行剧烈运动（注意是剧烈运动哦），会抑制下丘脑功能，造成内分泌系统功能异常，从而干扰了正常月经的形成和周期，甚至会因此使子宫位置发生改变。”但这不意味着在生理期就不能运动，陆教练指出：“在生理期进行运动量适当的跑步，不仅不会有副作用，还有助于神经系统的平衡，有利于血液循环和经血顺畅排出，起到一定的缓解痛经作用。”

他给在生理期跑步的姑娘们如下建议：

1、慢跑，步幅一定要放慢，比走路略快就好，没必要带着“姨妈”去提速。

2、什么样的运动量和运动时间对你而言是合适的？三个标准来检验：一是睡一觉后疲累感自行消失，二是出血量未增大，三是没有出现腹部疼痛，这样就说明运动量和运动时间比较合适。

3、生理期刚刚过，也没必要立刻恢复以往的跑量，必须要进行一些缓冲的恢复性运动，根据个人体质将运动时间控制在 10 ~ 30 分钟以内。

What's more：怀孕能跑么？

2014 年春寒料峭的北京，徐蕴芸女士在奥林匹克森林公园参加了一场名为“光猪跑”的活动，成绩并不出彩，跑得也不算快，但她是一位怀孕 34 周的待产孕妇。传统观念中，恨不得连走路都得有人扶着的孕妇竟然去跑步，还跑得如此高调，一时间引发了很多争议。面对网友（尤其是妈妈级网友）的非议，被誉为“最牛孕妇”的徐蕴芸反倒显得分外冷静和淡然。作为一个曾在北京协和医院妇产科当医生的医学博士，她从理论到实践都有发言权。“孕妇跑步不危险，但有风险。我自己非常了解自己的身体和运动状态，所以我才敢这样做。”

同时她也以医学博士的身份给想跑步的孕妇提出几点建议：

1、不管在跑前、跑中、跑后都要多喝水，否则可能会出现脱水，导致提前宫缩。

2、对炎热天说“不”，孕期跑步也千万别和高温天较劲，过热的温度会对腹中的宝宝产生潜在的危害。

3、选择平坦的路线！这是为了能更好地保持身体的平衡。一旦出现意外，身体失去平衡时，千万要记得，侧身或以手和膝盖着地，不能让肚子先着地。

除跑步之外，徐蕴芸还做一些核心力量的练习，“核心肌肉群是参与孕妇分娩的，有肌肉的孕妇生产过程会更顺利一些。”

提升篇

成为全天候路跑者

真正的跑者没有一个是只在跑步机传送带上的，路跑，才是跑步区别于很多其他运动的独有魅力和格调。即便同一条路径，也因为季节、天气的变化而展现出无穷的魅力。学会在不同的气候条件下跑步，你才能体验妙趣横生的路跑。

Q1➢ 夜晚怎么跑?

越来越多有江湖情怀的人选择在月黑风高之时出去跑步，不仅仅因为白天俗务缠身没有时间，事实上也有研究表明，在一天 24 小时内，人体力的最高点和最低点都有一定的规律性。和大家惯常的认知相反，绝大多数人体力发挥的最高点并不是在清晨，而是在傍晚。晚上这一时间段，人体新陈代谢的关键物质荷尔蒙对锻炼的反应最为强烈。对于心血管脆弱的老年人来说，夜跑也比晨跑的安全系数更高。现代社会中，职场人更热衷于在夜晚疏解一天的压力，微汗后轻轻松松睡个好觉。

夜跑注意事项：

一定要吃晚饭，避免低血糖状况出现（特别是以减肥为目标的跑者，选择正确的晚餐也是明智的选择）。但不能吃得太饱，七分饱为佳，食物以蔬菜、鱼类等清淡系列为主。在晚餐一个小时后开始跑，时间也不宜太长，大约 40 分钟到 1 小时，结束时间最晚不要超过 23：00；速度不宜过快，慢跑即可；强度以微微出汗为宜。夜跑路径可选在照明条件良好的公园、湖边、学校运动场等避开车流且空气相对较好的地方（灯光明亮有人处，安全性较高），尽量固定夜跑路线，因为夜间在不熟悉的环境中奔跑，跑者处理应急状况的能力会下降。在配备装备方面，首先请选择稍微专业的跑鞋，毕竟晚上对道路的判断不如白天，专业的跑鞋可以减少意外受伤的概率。其次，记得带上反光带，它可以保证驾车司机看到你，或者穿上有反光作用的鲜亮荧光衣，谨记安全第一。

Q2➤ 下雨天怎么跑？

很多浪漫主义的跑者都热爱“让我在雨里撒个野”。的确，雨跑有很多在艳阳天中跑步无法比拟的功效：被雨水洗刷过的空气更清新，雨前的阳光照射和细雨滴洒时产生大量有“空气维生素”美誉的极品负氧离子，可以松弛神经、降低血压、加速新陈代谢。美国的运动专家还指出，雨中慢跑不仅能健身强体，同时还是一种很好的健脑活动，有利于大脑由紧张状态过渡到平静状态。你可以享受免费、纯天然的雨水淋浴按摩，令人身心皆振，耳目一新，疲劳及烦闷顿消。雨中慢跑情调十足，还能促进机体对外界环境变化的适应，对于预防感冒、增强自身抵抗力等，都大有裨益，简直就是格调和健康双丰收。

雨跑注意事项：

保暖。雨天气温比晴天低很多，准备件户外冲锋衣，保暖又防水，最好顺便戴上防水眼镜或泳镜，避免老得擦眼睛的麻烦。裤子最好紧身，过长的宽松裤子湿了后会下坠。最好穿防水慢跑鞋，穿相对厚点的袜子——别担心鞋进水，专业的雨天跑步鞋都能避免积水还可以使你的鞋子内部保持干爽。而普通鞋子进水之后，很容易就会让你的脚磨出水泡。

防滑。跑步时注意避开积水路面和下水道井盖，水深过膝的地方绕过去，以免发生危险。地面湿滑，注意转弯时控制身体重心和速度，避免摔倒。

量力而行。雨跑会比平时困难更多，消耗的体能更大，危险性也随之增加。当雨势渐长，尤其是雷电交加的时候，与其冒着生命危险与天斗，不如赶紧回家洗个热水澡。记住，安全永远是第一位。

Q3➤ 夏天怎么跑?

轻装上阵的炎热夏季也是运动的高峰时节，但对于不在健身房里吹冷气的路跑者而言，夏日的高温和潮湿会严重影响前进的步伐。天气越热，身体降温就越困难，心率和呼吸的节奏与正常跑步相比都会上升。在高温中跑步，身体运转的速率更快。你需要注意以下几点：

1、适应。我们的身体大约需要两周时间才能适应高温，并有效地将降温程序运行至最大化。在程序彻底启动之前，你可以选择降低步速，减小锻炼强度，以逐渐适应高温天气，而不要在高温中强迫自己跑步——电视里那些烈日下一边呼喊青春口号一边洒汗的镜头都是骗人的。等身体逐渐提高在酷热天气下的散热能力之后，就能沿用以往正常的步速前进了。

在身体适应高温之前，切记不要用之前固定的步速来跑，必须根据自己实际的情况量力而行。如果你是跑步菜鸟，就应该在跑步中每隔 4 至 8 分钟来次快走让身体散热，从本质上说就是控制身体的核心温度不要升得过高；温度上升过高会使整个人在短时间内无法跑步。

2、穿着。请穿着浅色、宽松、合体、排汗的运动装备。高科技面料能排出湿气，降温性能绝佳。再戴上能够阻挡紫外线的太阳镜，涂抹具有防水功能的高倍防晒霜（如果你不嫌麻烦，每隔一段时间就补涂一次），再戴上太阳帽，全方位保护眼睛和皮肤。

3、时间。选择早晨或晚上凉快的时候去跑步。早上跑步凉快，但是湿度可能会比较高。因为空气中臭氧含量从清晨就开始迅速上升，到正午达到峰值，傍晚时再次达到峰值，所以清晨的空气质量是很好的。为了健康着想，下午 3 点以前不要出门跑步。

4、措施。在气象部门发出高温预警或空气质量较差的情况下，别犹豫，别较劲，把户外跑步改作室内运动吧。强行在过高的温度中跑步不会让你看起来很酷，它只会让你花费更多的时间来恢复体力，跑步不是青春热血小电影，理智训练才是一个聪明人的做法。

5、喝水。适时的补充水分是每一个跑者都应该掌握的。科学研究表明，对于 45 分钟以内的运动而言，喝水确实是有益的。而对于更长的跑步距离，专家建议每隔 15 至 20 分钟就应喝一杯运动饮料来为肌肉补充能量，保持体内水分。

Q4＞冬天怎么跑？

寒冷萧瑟的冬天清晨，连出门都需要下半天决心，此时跑步最需要关注的是什么呢？主要是防止感冒和冻伤，要点如下：

1、合适的服装。在温度、风速和其他条件发生变化时，可以根据实际情况穿上或脱下几层衣服来适应变化。确保内衣有很高的透气性，防止在冬季跑步的时候过多的汗液聚集在你的身体周围。准备一件由抗风防水材料制成的透气外套，一顶可以保护耳朵的帽子。在寒冷的天气，全身热量的 50% 是通过头部散发的。男生尤其要注意敏感部位的保护，在气温很低，风很大的日子里，多套上一层短裤绝对是必要的。不用过分担心你的腿，奔跑者的腿要比躯干和肢体末端更能适应寒冷和大风。通常而言，你有一条防风的紧腿裤或者长裤就足够了。

2、锻炼后，及时把汗擦干。换去有汗的运动服装和鞋袜，防止热量散失，体温失衡。注意不要在风大的地方逗留，以免感冒。用围巾、连指手套护住裸露在外面的每一寸肌肤。在裸露部位涂抹凡士林。大风天或者地上有很多积雪的时候，戴上太阳镜（雪盲症会损伤你的视力）。

3、进行充分热身。至少 5 ~ 10 分钟。“和朋友一起跑”的建议适用于一年中的任何路跑，冬季尤为恰当。

4、带上水和食物。很多跑步者认为冬天不比夏天，水分需求不高。其实不然，正是因为又冷又干，人们才会很容易忽视自己汗流浃背的事实。冬天跑步对能量的消耗是很大的，建议带上士力架之类的能量棒。

5、制定灵活适当的慢跑计划。掌握好速度，缓慢有序地提高运动量，骤然间剧烈运动，会引发身体各系统的紊乱。同时，跑步时间不宜过长，一般有氧练习的时间控制在 45 ~ 60 分钟是合适的，时间太长会造成肌肉疲劳不利于健康。如果在跑步时感到肺部有剧烈灼烧感，可能是因为已经感冒，必须立即停止。

Q5➢ 雾霾天怎么跑?

有多少读者是迫不及待翻到这一题，搬着小板凳坐等答案的?

2014 年 8 月，北京马拉松在 PM2.5 直逼 400 大关之时如期进行，围绕其是否合理、是否安全的问题，网络曾经掀起汹涌骂战。某雾霾话题的知名博主因发表措辞极端的文章被跑友围攻，最后不得不删帖道歉。跑友们的心情可以理解，当雾霾成为一种天气常态，甚至成为回避不掉的“生活方式”时，一定有什么措施可以让路跑计划如期进行吧?经过全方位考证，对于这个问题，我们也只能怆然泪下：臣妾做不到啊!

呼吸科主治医师王宇新在接受采访时明确地表示，不建议跑友在严重的雾霾天外出跑步。“跑步时，你的呼吸会加深，在雾霾天跑，肺部会吸入更多的有害物质，雾霾的主要成分是 PM2.5 可吸入颗粒物，吸入后，它会进入人的血液中。”那么偶尔跑一次呢?“雾霾引发的健康问题是长远性的，有毒颗粒物进入人体后会引发炎症反应，导致肺炎、心脏病等高发病。”那么戴口罩呢?最专业的，猪鼻子防毒面具那种!“专业的过滤设备虽然能起到过滤细微颗粒物的作用，但是在跑步时，人的需氧量增加，带着的口罩和防毒面具会让人觉得呼吸不畅，严重时会出现缺氧的症状，甚至还可能引发身体内的脏器缺氧，造成严重的健康隐患。”

静下心来想想，如果跑步的初衷包括健康生活，那么还是让我们因空气制宜，将训练计划挪到有良好过滤系统的健身房，或者干脆在家借助基础工具进行吧，比如用哑铃或瑜伽垫，做一些柔韧性、平衡性方面的锻炼，仰卧起坐、原地跑步等都是不错的选择。如果你的原则是不路跑，毋宁死，那也只能祝福你了。

高阶篇

针对性训练

当跑步已经成为你的一种习惯，或者你已下定决心要争取用如风般的速度去征服 42.195 公里时，一些有针对性的训练必不可少。

Q1➢ 如何进行跑坡训练?

有长跑王国之称的肯尼亚，他们的长跑名将也被誉为各项马拉松赛事前三名中“最熟悉的面孔”，这难道仅仅是因为他们拥有天生擅长跑步的身型么?当然不是!有一个重要的、但总会被人忽视的因素在起作用——坡跑。

不知道你是否会有这样的感觉，一味地跑平路，总会让人渐生乏味，而多跑山路对你的长跑训练将会有很大的帮助，能让你的身体提升到一个全新的高度。坚持坡跑训练可以让你:

1. 提高有氧能力，用较少的氧气跑更长的距离;
2. 提高耐力，帮你在特定步速下跑得更远;
3. 提高臀部、四头肌、腓肠肌等肌肉力量。

坡跑训练小贴士：

1、训练前要热身跑。跑坡前，先慢跑 2 公里，让身体热起来再进行坡跑训练，如果在你身体各部位关节还没热身够就直接坡跑，就是明摆着找受伤的节奏。

2、短中长斜坡结合。跑短斜坡（用 30 ~ 60 秒跑到坡顶，大约 5° ~ 15°的斜坡）的能量主要来源于无氧反应，可以提高你的弹跳能力和无氧能力，而跑中等斜坡（约 90 秒跑完，坡度约 15°到 ~ 45°）会让你提高乳酸耐力，跑长斜坡（2 ~ 3 分钟跑至坡顶）可以提升你的耐力。一次坡跑训练的量，约为短斜坡 4 ~ 8 次，中长斜坡 3 ~ 4 次。记住到达坡顶后别因为气喘吁吁、腿部沉重就马上停在原地大喘气，

而应该跑过坡顶上的“终点线”，慢慢恢复跑下斜坡。如果有条件，每周找一段长度超过十分钟的上坡进行 1 ~ 2 次的长距离训练。

3、步伐要有弹性。跑上坡时，大多数人跑速会下降 23% 左右，这就要求你在保持一定配速的同时，膝盖要比平时路跑抬得稍微高一些，用前脚掌着地，身体稍微向前倾，肩膀、脖子等部位适当地放松。而跑下坡时，为了适应突然增大的冲击力，你需要打开双臂，下沉来保持身体平衡，缩短步幅，增加步频。

4、目视前方。坡跑过程中你需要向前看而不是习惯性地看脚下，这样可以集中注意力，保持合适的跑姿，让坡跑

更轻松。

Q2➢ 如何进行交叉训练？

1996 年美国女子奥运会马拉松测试赛冠军 Jenny Spangler 曾说过，无论你是多么坚强的人，日复一日的跑步最终都会让你精疲力竭。

马拉松选手是人不是神，能力再强，也需要定期的恢复调养，休息调整时间一般而言最少一个月，在休养生息的这段时间里，他们并不会完全停止练习，而是要进行一定的交叉训练。所谓交叉训练就是用不同的方法训练相同的主要肌群，既可保持体能，又能帮助预防疲劳。

交叉训练的几大好处：

1、降低受伤的风险。交叉训练针对的是平时跑步中容易被忽视的肌肉群，可以平衡你的肌肉力量，减少受伤几率。比如进行脚踏车或水中跑步的训练，就可以降低关节压力，减少地面对双脚的冲击。

2、恢复得更快。如果你因为伤病无法跑步，交叉训练可以从根本上解决这个问题，让你很快回到训练中并降低再次受伤的风险。2004 年奥运会马拉松银牌得主梅伯·柯菲斯受伤后，就把跑步训练改为脚踏车训练，让身体获得足够的有氧能力，在坚持马拉松训练的同时注重交叉训练，让他在 2014 年重返荣耀之地——波士顿，并成功问鼎冠军。

3、训练更有效。交叉训练可以提升你的身体动态柔软度，比如大跨步前进的练习，每一步都要尽可能地跨到最大（使劲全力拉开胯骨轴），这样会让你跑的每一步都更有效率。

4、改善心血管健康。很多交叉训练的内容都是心血管锻炼的极佳方式。

交叉训练小贴士

1、交叉训练量取决于每个人的生理和心理水平，一般训练内容包括骑车、游泳、举重或者瑜伽等项目。如果你仅仅是个跑步的业余爱好者，那在 3 ~ 4 天的跑步中交叉进行 2 ~ 3 天的其他训练就已经足够了；如果你跑步是为了追求一定的成绩，那么每周至少要保证 4 ~ 6 天的训练量。

2、游泳。人们最推崇的一种交叉训练方式就是游泳，它能让在跑步中承受很大压力的关节得到很好的放松和休息，增强人的耐力和力量，灵活性也能得到相应改善。游泳时可以数一下手划水的次数，每划 2 ~ 3 次换一次气，如果你达不到这个频率，就会很快疲劳下来。把游泳训练的时间设定在 25 ~ 40 分钟，完成一个来回休息 5 ~ 10 秒后开始下一个来回。

3、骑车。骑车可以锻炼股四头肌和臀大肌，让你的心血管健康强壮。骑车时试着保持每分钟蹬 90 转的频率，这样和你跑步时每分钟 90 步的频率是基本一致的，强度要设定在每小时 24 到 28 公里。不过，骑车训练时不要骑横卧固定自行车（就是健身房的疯狂单车），这种车会给你的背部下半部分施加太大压力，让你难以保持每分钟蹬 90 转的频率。

4、瑜伽。瑜伽中有很多拉伸运动，能够大幅度提升身体的柔韧性，推荐几个必须掌握的瑜伽热身动作：

侧步蹲

收缩下腹，双腿张开的幅度要超过臀部的宽度，左膝下蹲，右膝向右边伸展，持续一分钟后换边。

海豚姿

人像海豚一样四肢着地，双臂撑地支撑上身体重，重心放在前臂，将膝盖离地，双腿伸展到极限，维持姿势呼吸

10 ～ 15 次。

平板练习

四肢着地，单腿向后伸，脚趾扣住地板，膝盖离地，维持肩膀在手腕正上方，颈部向前伸，下腹部微微上提，以腿部的力量支撑臀部，维持这个姿势呼吸 10 ～ 15 次。

深蹲

双腿站立与肩同宽，膝盖向下弯曲保持与双腿方向一致，臀部稍高于膝盖。维持这个姿势呼吸 10 ～ 15 次直到身体难以支撑。

Q3➢ 如何进行力量训练?

没有强健的肌肉力量群（上肢、腰腹部和下肢），随心所欲地奔跑也就是个梦，还容易给身体造成伤害。要想跑得更快、更轻松、更容易，就要用一些肌肉锻炼的方法来武装自己的身体。力量训练其实不需要大量的时间或专业级别的设备，只要掌握几个关键动作，实现正确、长期的练习就已经足够。

在退役后经营着自己的跑步俱乐部的我国中长跑名将孙英杰，经常以专业人士的身份提到核心力量训练的重要性：

“很多人只是在跑，而忽视了力量训练，于是速度总也提不上来，自己在那儿干着急。其实在日常训练中，多注重力量训练的好处简直太多了，比如有规律地进行一些上身的力量训练，可以提高肩臂的力量和耐力，以及腹部和背部肌肉的力量，跑步成绩想提高 10% 以上那是相当轻松。”

她是怎么练习力量的？这位世界冠军给大家的建议是：

1. 俯卧撑练习。做俯卧撑可以增加上臂的力量，做的时候不用太快，关键是要注意两臂撑开的宽度，以此来加强背、肩、臂的力量。别小看这些动作，它们都会在长跑的最后阶段发挥重要作用。刚开始做到 4 ～ 5 次即可，然后随着力量的增加而增加次数。

2. 仰卧起坐。如果你的腹部软塌塌没有力气，那么在长跑的最后阶段就会不自觉地减小步幅、胸腔缩小，这样运送到腹部的空气总量也会变小，于是只能含恨停下脚步。而有规律地练习仰卧起坐，会使背部、腰部、腹部肌肉得到充分

锻炼。每次跑完步后，别偷懒，做做仰卧起坐！一开始做 10 个仰卧起坐，5 个俯卧撑和 20 次双臂屈伸，两周后增加到 12 个仰卧起坐，6 个俯卧撑和 24 个双臂屈伸。

3. 杠铃深蹲。这是种锻炼身体、腿部和腹部的综合力量训练，一般可以双手各持一个哑铃，或以肩负杠铃深蹲，一般以一组 6 ~ 12 个为宜，做完一组放松 1 分钟，休息时可以拍打拉伸腿部肌肉，做 3 ~ 5 组。

What's more：大咖问答

大咖一号：孟秋渝

网名金牌橄榄。从小喜欢各种各样的运动，几乎接触过的运动都会喜欢上。现在马拉松 PB259，首百是 2012 北京 TNF100 公里山地越野；跑得最长距离是 2013 年香港的 168 公里，排名约 30；2013 年参加了北京青龙湖国际铁人三项，2 小时 41 分；2014 年香港 HK100KM 山地越野，成绩 13 小时 43 分，排名 42。作为一个崇尚运动，更热爱运动的人，橄榄最爱的项目是山地越野，那可是对他来说比跑马拉松更刺激的挑战。

橄榄老师答问：

Q 跑步这项运动，近几年在国内非常热，对此您怎么看？

A 热爱运动、热爱跑步是好事儿，希望大家的热度可以持续得长一些，毕竟受益人是自己。

Q 跑步过程中，您最注重身体的哪些细节？呼吸、心率、步频节奏还是其他？为什么？

A 心率和呼吸，通过这些数据可以随时了解运动强度，及时调整。

Q 对于这些细节，您是怎么调整的？

A 设定好一个心率范围，如果超出，及时降速，让运动更安全，更健康，更科学。

Q 有研究表明用音乐可以激励运动，您是怎么认为的？

A 听音乐这件事，也是要区分是什么运动，还有就是要考虑运动环境，我跑步一般不听音乐，会影响跑步的专注度，尤其是越野跑，注意力的分散极易造成危险。如果是练习健身器械、在跑步机上或者是封闭道路内跑步，不会有其他交通工具的影响，听听音乐缓解疲劳也是可以的，看个人习惯吧。

Q 现在很多跑者用节拍器来训练步频，节拍器这个工具您怎么看？用强节奏的音乐可以达到相同的效果吗？

A 这……运动习惯的改变不是一朝一夕可以完成的，有意识地去做就可以了，音乐的节奏感和步频不能做到 100% 吻合，跟着节奏容易跑崩，循序渐进吧。

大咖二号：赖冠庭

网名坏人伟，The North Face（北面，简称 TNF）赞助的非专业运动员，2009 年开始跑步，参加过 5 届北京马拉松，多次参加 TNF100、大连 100，在 2014 年法国 UTMB 环勃朗峰越野赛 CCC 组别取得亚洲排名第一的好名次。TNF 跑友会主要成员，跑圈名人，有丰富的赛事执行经验。

2014 TNF100 北京站（3000 人）赛事执行经理；

2014 ASICS 北京山地马拉松赛（1200 人）赛事总监；

2014 凤凰岭北京冬季城市越野赛（1200 人）赛事总监。

坏人伟答问：

Q 跑步这项运动，近几年在国内非常热，对此您怎么看？

A 是的，从刚开始兴起的时候，我就开始跑步，并且在后来慢慢开始组织活动，做跑步赛事。过去这些年大家的生活品质提高，对健康的关注度也随之提高，所以想通过这种运动方式，让自己的身体状况得到改善。跑步是最简单、最方便、可以最快入门的运动方式，而且能在跑步运动的同时，有了另一个较健康的交际圈子。我相信跑步的热潮现在其实只是一个起步的阶段，虽然大家已经觉得很热了，我想说未来会更热，因为会有越来越多的人开始这项运动，并带动身边其他人。可以预见，跑步会成为人们普遍的一种生活方式。

Q 跑步过程中，您最注重身体的哪些细节？呼吸、心率、步频节奏还是其他？为什么？

A 跑步过程中，我首先会注重身体的各部位肌肉和关节的状态，充分做好热身和放松，其次才是呼吸和步频。因为只有肌肉和关节的充分预热，你才能根据自己的实际能力去控制呼吸和步频，不至于受伤。

Q 对于这些细节，您是怎么调整的？

A 在跑前做好热身，一开始只要充分活动开身体，使身体进入运动状态，接着放松身体，让身体自然找到适合自己、最舒服的频率，记住这个频率，让步频和呼吸保持在一个节奏点上，然后刻意地练习保持这个节奏，尽量保持。

Q 有研究表明用音乐可以激励运动，您是怎么认为的？

A 我平时跑步，出于安全考虑不带耳机听音乐，但在健身房体能训练时很喜欢用节奏感很强的音乐来带动自己。

Q 现在很多跑者用节拍器来训练步频，节拍器这个工具您怎么看？用强节奏的音乐可以达到相同的效果吗？

A 节拍器和强节奏的音乐完全不是一个概念，初级跑者可以借助节拍器训练自己的呼吸和步频的协调性，这是个不错的工具。

第三章
Chapter 3

全副武装再出发

再不是踩一双运动鞋就好意思出门跑步的年代了。一方面，“工欲善其事，必先利其器”，好装备一定能帮助你提高成绩；另一方面，则先要做足架势——输比赛也不输装备。如果暂时还没有拿得出手的成绩，那么你更需要擦亮眼睛寻到合适的利器，从头到脚把自己武装完毕，起码得看起来“很像会跑步”。

跑鞋

在选择跑步装备这件事儿上，缺心眼儿也不能缺跑鞋。跑鞋的选择铺天盖地，各大品牌每年斗得昏天黑地，在被广告砸晕之前，要学会根据脚型，选择符合自己特点和要求的跑鞋。

脚底沾水后踩在干燥的地面上，然后根据脚印的形状把脚归纳为以下三种类型。

1、正常型：足弓高度正常，脚印中部有很大的弧度但不中断。可以选择半弯曲型的稳定类或减震加垫类跑步鞋。

2、平足型：脚印饱满，整个脚掌都会印在地上。应该选择直型或半弯曲型、备有特别加固的足弓部内垫的鞋以减少内翻的程度。平足要避免穿减震垫太厚的，或弯曲型跑步鞋。

3、高足弓型：脚印外侧很窄，几乎中断，足弓内部空间很大。应选择减震加垫类，弯曲或半弯曲的鞋。鞋底的可弯曲性应该较好地增加脚的活动范围，避免稳定类鞋。

另外需要注意的是，在选择跑鞋时应在正好合适的基础上加大半个到一个鞋号，因为运动时脚会发胀，得留出足够的空间。

市面上排名前五的专业跑鞋品牌如下：

1. 亚瑟士　推荐型号：GEL-KAYANO 21

当你穿着一双亚瑟士的跑鞋跑步时，你确实就已经赢在了起跑线上。亚瑟士的 KAYANO 款跑鞋被跑友称为“跑步之王”，已经更新到第 21 款。这款跑鞋的鞋面纹路比较夸张，

像交错在一起的道路，看上去张力十足。GEL 的科技因素让它独霸天下，能够有效保护你的膝盖。同时，轻便、舒适，也让每个拥有亚瑟士的跑友都赞不绝口。

2. 美津浓　推荐型号：Wave Rider 17

美津浓的标志创意灵感来自于一种叫米奇巴希利的鸟，据说这是世界上跑得最快的鸟。Wave Rider 17 这款大阪马拉松的限量跑鞋是根据亚洲人的脚型专门设计，升级后的鞋底不仅颜色好看，而且能带来更舒适的着地感。

3. Brooks　推荐型号: Glycerin 11

尽管名号不如 New Balance 或亚瑟士响亮，但被称作“全球四大慢跑王”之一的 Brooks 也是跑鞋中一大腕儿。Glycerin 11 可依据自己的体型、脚步承受的压力和速度来调整避震效果。中底 Omega 沟槽设计弯曲度更佳、灵活度提高；而搭配豆荚科技大底与全脚掌 BIO MEGO 科技环保中底提供柔软且有弹性的步伐，也给跑者带来舒适感。

4. New Balance　推荐型号: RC1400v2

有着“总统慢跑鞋”之称的 New Balance 是很多国家元首都穿过的品牌，甚至比尔·盖茨、乔布斯都是其忠粉。RC1400v2 系列柔软舒适、弹性贴合，专为追求快速的跑步者而设计。它的灵活度与一看就难忘记的夸张色彩都是这款鞋吸引眼球的亮点。

5. Under Armour 推荐型号: Speedform

Under Armour 是奥巴马平时健身训练时所穿的跑鞋品牌。鞋大概有 170 克，相当于两个苹果的重量。穿上这款鞋一落地就能感觉到它是为前掌跑法而设计的。脚跟后方加入了硅胶衬托，让你既能感到灵活轻便，又有很好的包裹和支撑。

压缩衣

在选择平时贴身的衣物时，我们都会首选舒适的棉麻质地。但假如你套件纯棉文化衫就和跑友去跑步，则别怪人家给你贴上“不专业”的标签。纯棉虽然吸湿性很高，但由于无法及时排汗而容易造成感冒或者更严重的擦伤，更别提它湿哒哒黏在身上的衰样多令外貌协会成员不齿了。有速干功能、造型花哨的运动品牌衣服也只能算是入门普及型，一个更专业的选择是压缩衣。从专业角度讲，它不仅能排汗除湿，有加快血液循环和降低乳酸堆积的神奇功能，更能让您的跑格儿瞬间提升，从卖相角度讲，紧裹着身体那明朗的线条，随着步伐起伏的身型……擦干口水，来看看全球最受推崇的几款压缩衣。

1. SKINS（澳洲品牌）——最舒服

推荐：A400

理由：有一件 SKINS 在身，你瞬时就在懂行的人眼中变成内行人。作为全球顶级梯度压缩运动装备品牌，A400 是 SKINS 综合训练中的顶级系列。SKINS 采用 Memory MX 独特面料，提供持续稳定的弹性以及最佳的精准支撑，帮助身体自然运动，降低受伤的风险。穿上它，就像套上第二层皮肤一样轻便贴合，在跑步时感觉更加轻松和舒适。而运动过后穿该系列的恢复服能让肌体快速恢复并减少肌肉酸痛。

2. CW-X（日本品牌）——支撑性最好

推荐：Stabilyx 高端系列

理由：这家在日本做内衣发家的品牌（WACOAL）在压缩衣上也做得风生水起，成为无数跑友的心水之选。日本的很多运动装备在跑友圈广受好评，精细、功能性强、性价比高，CW–X 的压缩衣这几大优势都统统占据，而且它更注重对肌肉的支撑。如果将 Skins 比作第二层皮肤，那 CW–X 就相当于你的外骨骼。穿上它，你会明显感到膝盖的支撑和力回馈，像有弹簧在驱动你的腿部。汗液很快就会排出了，同时还不会让你有潮湿感，不仅如此，在大风天，它还能起到很好的防风效果。

3. 2XU（澳洲品牌）——最专业

推荐：Compression

理由：总部在墨尔本的 2XU 是全球顶级专业运动服装的生产商之一，很多世界顶级专业运动员、体育院校的专业人士都极力推崇该品牌。 它采用的 PWX 面料由高等级弹力纱线配合环形编制技术，360 度各方向具有等效拉力，能提供理想的灵活性以及强大的功能和弹性，并增强压缩性，大大小小的 X 标识在小腿上显露时，品位自然也提升了不止一个 level。除了压缩衣之外，2UX 的抗菌防臭型袜子也解决了无数跑者出汗脚臭的烦恼，它完美地诠释了“用科技征服你”的理念。

4. X-Bionic（瑞士品牌）——最高端

推荐：买得起就都拿下

理由：作为一双袜子比别家的衣服都贵的品牌，X-Bionic 绝对是运动装备品牌里的劳斯莱斯。这个来自瑞士的运动品牌是压缩衣中最奢侈的象征，不过就像瑞士手表一样，它的贵有足够理由。X–Bionic 最大的贡献是帮运动人士实现了“将汗水转化为能量”。这个品牌已连续 5 年获得“Plus X Award”大奖（此奖项旨在表彰品牌在创新、优质、设计、易用性 / 功能性、人体工程学以及生态方面取得的突出成就，是全球最大地涵盖了技术、体育和生活风尚相关领域的大赛），难怪有超过 20 个国家队将该品牌的压缩服当做训练和比赛的首选装备。

运动袜

别小看袜子，它可先跑鞋一步与你的脚亲密接触，有品位的跑者不会忽视对一双好袜子的选择。推荐四大品牌：

1. Injinji（美国品牌）

著名的五趾袜品牌很受好评，看上去很像短手指的手套，分左右脚设计，脚感舒适，包裹性出色。它的排汗性很好，大汗脚穿它跑完后脱下，都不会有很重的潮湿感和异味。

2. Bridgedale（英国品牌）

Bridgedale 是用北爱尔兰羊毛生产的军用袜，这个品牌适合跑步的 X-Hale 系列在脚跟和脚趾部位加入的衬垫缓冲运动时外部压力对脚部的冲击，穿上它保暖、除臭、舒适。

3. SmartWool（美国品牌）

SmartWool 的袜子在美国被评为“穿着最舒服的袜子”，自 1996 年起，该品牌多次被美国 Backpacker 杂志选为“编辑之选”的推介货品，它采用美丽奴羊毛制造，脚感十分舒适。

4. 迪卡侬跑步袜（法国品牌）

做工细致、价格适中是迪卡侬跑步袜能占领跑步市场的两大原因。

运动腕表

在跑步圈，你可以没有欧米茄，没有劳力士，却不能没有一块贴心贴腕、比你还了解你自己的运动腕表。

1. Garmin 佳明　Forerunner 10

提到 GPS 心率表，Garmin 佳明可以说是首屈一指。Forerunner 10 是市面上最轻便、最舒适、性价比最高的一款跑步手表。如果你是新手，跑 / 走模式切换功能可以帮你开始有规律地锻炼；虚拟配速功能可以与你当前配速比

较，提示你领先、落后还是同步，让你的跑步更有节奏和挑战性。

2. Timex 天美时　Run Trainer 2.0

天美时的高端表心率带非常舒服贴身，这款手表尺寸小巧轻便，但分辨率更高，外观也更好看。它还有饮水和饮食功能的提醒，比恋人还及时贴心。这款腕表表面显示一到三行数据，可以同时显示心率、步速、时间和距离等。这款表主要为跑步设计，可以记录跑步的速度、心率，并支持上传到 PC 和网络进行分析。

3. 百锐腾　Amis S430 跑步手表

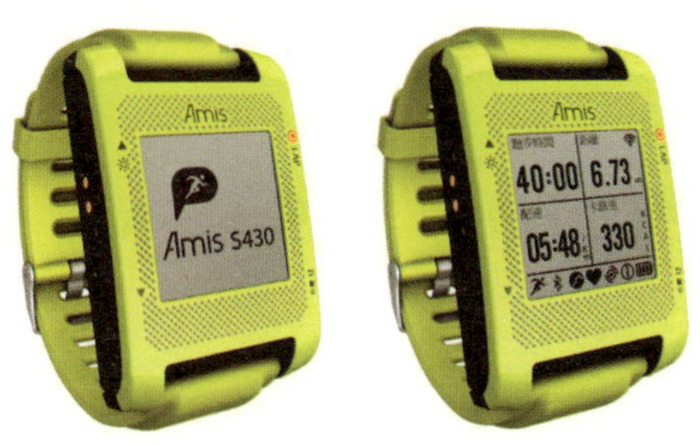

百锐腾是跑步手表界的领军品牌之一，它时尚的外观吸引了很多年轻人的目光。鲜明的亮黄色让人眼前一亮。S430 一大特色功能是跑步成绩设定。你可以通过它进行配速计算，测算出各项距离的比赛，各种类型的训练所需要保持的配速。此外，它还有报警功能，你可以根据自己的训练和比赛要求对每一项，或某一项的上下限进行设置，它会在你跑步时进行及时提醒，很是贴心。

4. Polar 博能　RC3 GPS 运动手表

这款来自芬兰的运动腕表是很多专业运动员的首选，它最核心的功能是智能教练（Smart Coaching）功能，它可以帮你合理制订训练计划，让你更详细地了解自己的身体状况以便于随时调整训练状态。另外它还支持双时区显示，按钮锁定功能可以防止误操作，支持闹钟和休眠功能。

其余小物

A. 跑步臂包

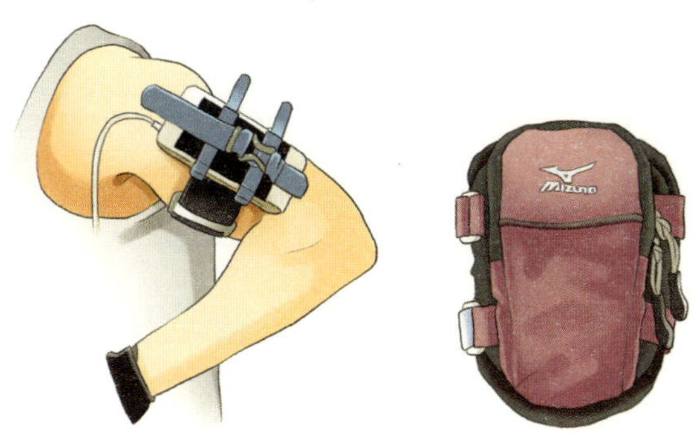

1、口袋式臂包：适合装小物件，拿取方便。推荐：Dry-Fit 技术的耐克臂包。

2、触摸式臂包：接触皮肤触感出色，不用担心手机等物件被雨水淋湿。推荐：迪卡侬跑步臂包、腕包，可以直接触屏操作。

3、可调节式臂包：包体的尺寸可以根据需求调节，放置大屏手机也有足够空间，而且单手可以实现放取，有很好的跟随性和透气性。推荐：美国的 Pacsafe，固定性能极佳，丝毫不影响 GPS 定位，软件接受 GPS 信号。

B. 跑步眼镜

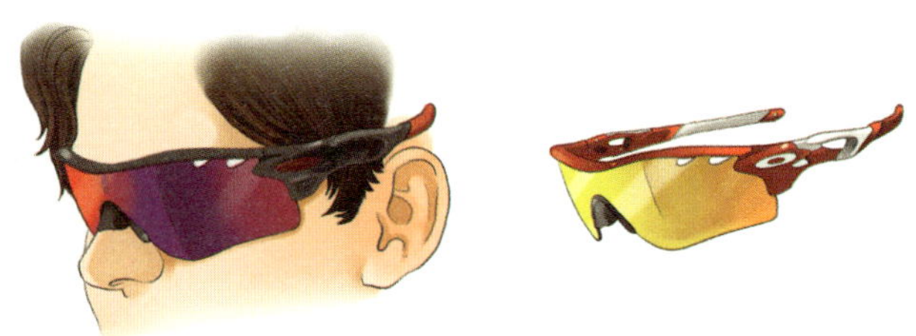

推荐品牌：Oakley Polarized Radarlock Path

这是一款很多跑友纷纷求代购的美国炫牌，专为伦敦奥运会开幕式而设计。跑步时戴上它，护眼与耍帅兼得，姑娘们的目光自然会追随你左右。

C. 发带

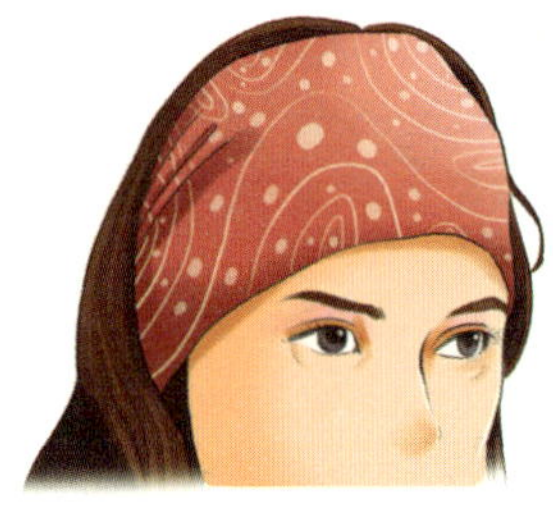

如果注意形象，那么跑步时也得武装到发丝。发带不仅能吸汗，避免满头大汗狼狈不堪，还能固定散乱飞舞的头发，提高运动水平，更能起到装饰作用。

推荐品牌：西班牙 Buff Coolmax 专业速干吸汗发带

伸拉性高，适合各种人群，透气性强，能将头皮表面湿气迅速散发，西班牙风格的艳丽花色更让你迅速跻身潮跑一族。

D. 跑步耳机

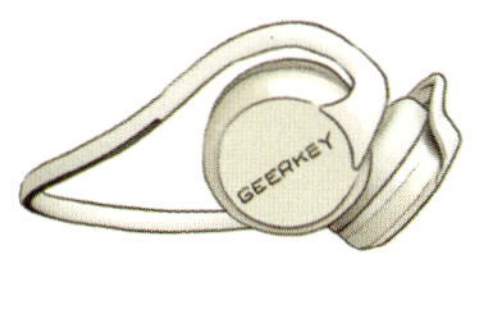

音乐是很多人跑步时的好伴侣，在安全的道路跑步时，它能够激励你的跑程，传统的有线耳机会影响跑步时的发挥，因此，近些年无线耳机成了很多跑者的首选，但是只有听音乐一个功能，对于追求时尚与科技的潮跑一族来说可不能满足。

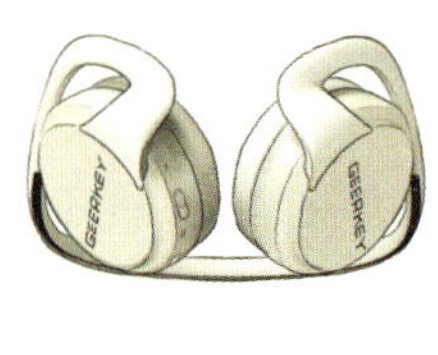

推荐品牌：弄客 Sports 系列

作为全球首款无线触控运动耳机，媲美千元有线耳机的 HIFI 音质，价格便宜出好几条街，纳米技术保证耳机防汗防水。弄客同时配有专业运动音乐 APP，记录各种运动数据，供你在朋友圈晒“单”的同时，还给你推送各大 DJ 混音的专业运动音乐。

第四章
CHAPTER 4

一个跑者的自我修养

从头到脚武装完毕，可以开跑了？但你需要的不仅仅是这些而已。不管是用来私底下提升自己的跑步修养偷着乐，还是为了跟跑友聊天时欣赏对方脸上的崇拜羡慕，此章节推荐的各路跑步软装备，都是你提升一个跑者的自我修养必备的。

音乐推荐

每个人都有专属于自己的跑步歌单，也许你认为，只要自己喜欢就好，但是节奏感强烈的快歌会让人肾上腺素加速分泌，从而越跑越兴奋。但歌曲也不是一味的快就好，跑步的步伐和音乐节奏不合拍时，会影响呼吸，打乱跑步的节奏，因此选歌也大有学问。这里有一个专业的名词：BPM（Beats Per Minute，即每分钟的节拍次数），它和我们常说的心率可不是一个概念，和配速也没有直接联系。每个跑步的人有BPM，每首歌也有自己的BPM，最科学的做法，是根据自己在跑步时的 BPM，来选择相匹配的歌曲。

如何确定自己跑步时的 BPM？最简单的办法，就是数数。计时一分钟，看看自己跑了多少步。多统计几次后，取一个平均值，就是你跑步的 BPM 了。如何确定一首歌的 BPM？天生乐感好的闲人可以自己数出来，也可以借助各种专业音乐软件，譬如 Mix Meister BPM Analyzer，Gold Wave，Guitar Pro 等。研究表明，BPM 在 120 ~ 140 之间的音乐最适合跑步，如果足够自信，选择比自己跑步的 BPM 稍高的歌曲，能提高 15% 的跑步成绩。技术帝们甚至可以用 Cooledit，FL Stuio 等专业软件自己制作串烧，将心仪的歌通通调成需要的 BPM，一路不停歇燃烧熊熊小宇宙。

本着 BPM 与感觉兼顾的原则，为您推荐歌单如下，除特别标注外，均为 BPM120：

Feeling Myself —— Nikki Minaj & Beyonce, BPM 140

Beat of My Heart —— Hilary Erhard Duff, BPM 137

《7/11》——Beyonce, BPM 135

I love it ——Icona Pop, BPM 126

Heroes ——Alesso & Tove Lo, BPM 125

Iridescent ——LinkinPark

Stamp Your Feet ——Donna Summer

Running With The Night ——Lionel Richie

Jetstream ——New Order

Speed Your Love to Me ——Simple Minds

《汗水的重量》——倪安东，BPM164

《自由》——张震岳，BPM 150

《奔》——孙燕姿，BPM 138

《加大力度》——容祖儿，BPM129

《奔跑》——羽泉，BPM 126

Running ——陈冠希，BPM125

《超有感》——黄鸿升，BPM125

Set You Free ——刘力扬，BPM123

《就现在》——吴莫愁，BPM122

《热浪》——温岚

《生命是场马拉松》——旅行团乐队，BPM 118

APP 推荐

虽然如今流行的手机跑步软件各有千秋，但基本功能大同小异：手机 GPS 定位，计算各种数据并进行分析，以及最最重要的，分享到社交网络，高端些的则还搭配各种硬件，比如心率带等。以下 APP 既有拥有群众基础一呼百应的，也有高贵冷艳人群中独自美丽的，丰俭由人，自取所需。

1. 殿堂级 NIKE + Running

早在跑步风刮进中国之前，以 NIKE + 为代表的跑步软件就已经席卷海外，它也是耐克数码创新上的里程碑。通过它，你可以清楚地知道自己的运动时间、步伐、消耗的热量等数据，在跑步时提供音频反馈。它和 Nikeplus.com 同步，可以浏览自己和跑友的路线。

2. 一呼万应 Endomondo

英文不错又热衷于在全球范围内交友的跑者必选，支持的客户端多，塞班、安卓、iPhone、黑莓都可以安装使用，所以在全世界拥有上千万的粉丝。你可以通过 Endomondo 在世界范围内找到和你志同道合的小伙伴，共同设置目标愉快玩耍，或者通过数据上传分析，来个漂洋过海的 PK 赛。

3. 私人教练 adidas miCoach

除了一般的跑步应用可以记录的数据之外，miCoach 的强项是根据你的实际情况制定训练强度（跑步时间、速度、锻炼次数等），不管你是刚刚开始跑步的菜鸟，还是已经有一定量积累的业余高手，你都可以在 miCoach 里选定最适合自己的计划。

4. 目标马拉松 Runtastic Pro

据说这是安卓系统里最受欢迎的软件之一，也是目前唯一支持蓝牙 4.0 心率带的安卓应用，尤其适合以马拉松为训练

目标的跑者。实时追踪功能能够告诉朋友和家人你的方位，喝彩功能让你实时听到好友的加油声，遇到红灯或者停下脚步系鞋带，软件会暂停记录。能预测日落日出，即时收到天气信息并在训练结束后自动保存，好让你分析不同环境里自己的成绩。

5. 乐享动 Fitmix

“乐享动”是国内首款提供专业运动音乐的 APP，可以根据你的运动数据，推送专属运动音乐，还有全国知名 DJ 混音的歌单，又专业又有品位。跑步的时候可以顺便来个直播分享，实时显示你的跑步状况，和跑友互相聊天鼓励，据说还有机会收到女神男神的么么哒。

6. 国产明星咕咚运动

这是国内首款运动社交 GPS 软件，拥有 2000 万以上的用户，全中文界面是大多数小伙伴喜闻乐见的，还有 PM2.5 数据提示等中国特色。它运用独有算法，准确计算卡路里的

燃烧，记录运动轨迹，发现运动资讯与趣闻，寻找周边跑友并一起畅跑。

7. 社交为王悦跑圈

悦跑圈的定位是“社交跑步软件”，能发现并添加附近跑友；在APP里添加水印相机功能，供用户拍照分享；设立类微信朋友圈功能，让用户能够分享跑步图片及文字，与好友互动。它还将有训练计划，为用户推出定制装备以及组织参加国际马拉松赛等活动，打造“最好玩的跑步社区”。

跑团推荐

谁说跑步一定是孤独的？当有一群志同道合的伙伴陪伴着你时，跑步将是另一种新鲜的体验。加入跑团，找到合适的组织，跑步这么开心的事儿，和懂你的人分享吧！

1. 老兵马拉松俱乐部

虽然2014年11月8日才成立，可这群由现役军人和退役军人组成的老兵马拉松俱乐部，成立不久便当选为2014年全国十佳跑团，微博和微信公众号的粉丝正嗖嗖增长。特殊的身份让这个跑团有严格的审核制度，必须是军人出身，必须有马拉松成绩证书认证。285名老兵会员有教练、军医，甚至还有新闻发言人呢！军人出身的跑者们当然知道，实力要靠一天天练。现在跑团里男子完成全马最好成绩是2小时31分，而不让须眉的巾帼们成绩更佳：2小时27分！他们的目标，是成为中国最有凝聚力的跑团，成为中国马拉松赛道上最惹人注目的风景。也许你不够资格加入，但即使围观，也能汲取不一样的能量。

2. 嘉友跑

著名体育评论员于嘉爱上跑步并深得裨益后，义无反顾成为跑步运动的推广者。利用媒体人的影响力和一腔热情，他集结身边的跑友汇聚起了一股更强大的力量，成立嘉友跑团。除了每周在北京的活动，他们还奔跑在纽约的中央公园，奔跑在沧桑的柏林墙边，奔跑在充满着皇家气息的白金汉宫旁，他们在全世界展示着中国跑者的范儿，用跑步实现着每个团员的自我修行。除了跑步，嘉友跑团还充满着爱的温暖。2014 年，嘉友跑和 Go Girls Crew 携手成为合作伙伴，通过跑步筹集善款，捐献给由姚明建立的姚基金，让更多山区的孩子拥有更好的学习生活环境。

3. 怪兽跑团

一首埃米纳姆和蕾哈娜的 *The Monster* 伴随着 1500 个跑友跑过难耐的冬日，跑过酷热的夏天，跑过每一个孤独夜晚。“I'm friends with the monster，That's under my bed”，这样的歌声陪伴着每个人的心灵独处，于是取名怪兽跑团。从兰州到太原，从北京到上海，他们用步伐丈量土地，用汗水浇灌内心。跑团单次活动最多参与人数达到 400 人，有五个词是跑团精神的概括：孤独、坚持、彩虹、初衷、永恒。跑步最大的财富是让你直面孤独，让你花时间和自己独处。也许我们都有跑不动的那一天，可怪兽跑团坚信，只要坚持约跑，就会有新鲜血液的注入，总有一天，怪兽跑团会是永恒。

4. YES 跑团

跑步？YES！健康？YES！YES 跑团的名称一听就让人斗志昂扬。其实每个字母有它独特的含义：Y 是羽毛球世界冠军叶钊颖名字拼音首字母，她也是跑团的发起人；E 意味着 enjoy（享受）；S 则是另一位发起人沙宝亮的名字拼音首字母。跑团中还有不少的大腕：音乐人栾树、资深体育产业专家张庆、央视体育频道导演傅佳伟。叶钊颖和沙宝亮的跨界组合意味着这个跑团有着它独特的个性，他们是娱乐明星中最会跑步的人，他们也是体育大腕中最有娱乐精神的人。边跑边玩，边玩边跑，让每个人的人生在悄然间发生不一样的改变。

5. 明城墙跑团

这是一个每天只要天气状况允许就会在北京的明城墙遗址公园组织活动的跑团，他们的发起者是最专业的跑步杂志《跑者世界》。成立于 2015 年春天的这支新鲜力量跑劲儿十足。每个阳光灿烂的中午，都有一群小伙伴结伴在明城墙下，穿梭在桃李中快乐奔跑。有《跑者世界》强大的专家团队做指点，吸引着越来越多的人加入其中。每周日上午，明城墙跑团都会举行跑友约跑活动，世界冠军助阵、总局训练局群体司专家带队示范拉伸动作，还有杂志最敬业的摄影师为大家记录下跑步途中的美好瞬间。

6. 趁早跑团

趁早品牌的创始人潇洒姐王潇在众多年轻女性中的呼声之高，从宣布成立趁早跑团不到一个月的时间，已经有 25 个城市孵化出了自己的趁早跑团。每个“趁早党”对生命都拥有一颗热诚之心，他们热爱追逐的快感。他们都已踏上了跑道，他们征服了风沙，征服了严寒，他们还要征服无数个马拉松，征服无数个“不可能”。趁早跑团还成立了奔跑基金，用于鼓励趁早跑团在全国范围内开展活动，激励全国各地趁早跑团成员积极通过跑步、分享和其他同类型活动，提倡女性的独立意识和健康自律精神，以更加有趣的方式管理自己的身体与人生，从而 Shape Your Life（塑造生活），成为那个期待中的自己。

电影推荐

就算不能像村上春树在跑步时思索出人生哲学，也值得看看这些和跑步相关的电影，下次当别人和你聊起跑步时，除了数据，你还能给出源于生活高于生活的艺术说法。

1.《阿甘正传》——经典的力量

如此经典的影片如果你都没看过的话，别说跑步圈，社交圈也别混了。即使不提跑步，《阿甘正传》在电影史上也占据着崇高地位：上帝没有给阿甘正常的智商，却给了他一双能一直奔跑的好腿。于是，平凡的阿甘一直在跑，跑过周遭孩子对他的追赶戏弄，跑过橄榄球场，跑过越战的炮火，跑过了敌人的袭击，也跑过了死亡。跑步给了他一切，让他成为体育明星、战地英雄、虾船船长和公众偶像。经典台词除了脍炙人口的那句

“人生就像一盒各种各样的巧克力，你永远不知道会得到什么”，还有“如果你遇上麻烦，别逞强，就跑，跑得远远的”。

2.《烈火战车》——英雄惜英雄

根据真人故事改编，拿下了1981年的奥斯卡包括最佳影片在内的四项大奖，是史上最伟大的体育电影之一。20岁的犹太人亚伯拉罕是剑桥的高材生，天生的短跑选手，他内心温柔敏感，立志拿下奥运百米冠军来对抗周遭的歧视与不公。而苏格兰最好的橄榄球手埃里克为了给上帝赢得荣耀，放弃橄榄球专心练习跑步。两人的相遇，是命中注定。1924年的巴黎，埃里克坚决不愿在主的安息日跑步，调换项目参加400米的竞争。亚伯拉罕终于战胜强大的美国人，拿下百米金牌；埃里克也不可思议地拿下400米冠军。两个伟大的年轻人，成为一生的朋友。

3.《长跑者的寂寞》——见鬼去吧你们，我只是这样跑！

不是每个跑步故事都那么温情脉脉，这部英国“愤怒派”的代表性作品，不管放在哪个时代都堪称离经叛道。少年科林·史密斯因盗窃入狱，感化院的院长发现了他的长跑才能，想让他在全英青少年罪犯教养院越野长跑大赛上赢得蓝缎奖杯。可心怀如此目的，他并不是想解救科林，而是想借此成为他升官发财的资本。科林没有让院长得偿所愿，在比赛距终点几十米处，把奖杯踢进了阴沟。科林输掉了长跑比赛，却赢得了内心所向往的自由。

4.《圣拉尔夫》——问题少年如何创造奇迹

每个看过这部影片的人都有种心灵受洗的感觉，却不仅仅因为电影跟宗教的关系。父亲在战斗中成为烈士，妈妈昏迷在医院，拉尔夫似乎有足够的理由自甘堕落——他在学校抽烟，违反天主教的教义在学校游泳池中自亵。因为受罚他进入了越野队，一开始他并不喜欢，枯燥又精疲力竭，总被远远甩在后面。但某天领队神父告诉他，只有创造奇迹，妈妈才能从昏迷中醒来。14 岁的少年毅然决定参加几个月后在波士顿举行的世界级马

拉松赛事——这在全校眼里被认为是不可能实现的奇迹。从此拉尔夫每天奔跑在创造奇迹的路上，最终代表加拿大参赛，他是波士顿马拉松参赛年龄最小的选手。虽然以一码之差惜败，但他赢得了心仪女孩的热吻，母亲也奇迹般苏醒。

5.《永无止境》——不拼尽全力就是浪费天赋

中文翻译成永无止境，但其英文名更符合片子表达的精髓——“突破极限”。同样根据真实故事改编：有着长跑天赋的史蒂夫·普瑞方丹心高气傲，许多大学教练想将其招至麾下却被他拒绝，在他眼里，只有传奇教练比尔·鲍卡才有资格成为其师傅。比尔·鲍卡的训练方法十分特别，史蒂夫一次又一次地打破纪录，获得国内冠军，并在慕尼黑的奥运会上取得了第四名。然而在史蒂夫眼里这就是失败，一气之下，心灰意冷的他想就此退役，比尔最终把史蒂夫再次带上跑道，在经历了冲击与波折后，史蒂夫开始了向长跑极限的挑战。然而就在他运动生涯如日中天的时候，一次车祸夺走了他年仅 24 岁的生命。他的那句“不拼尽全力就是浪费天赋”至今是很多跑友的座右铭。

6.《强风吹拂》——日式小清新

2009 年电影旬报年度十佳影片之一。十个性格各异的少年：有人爱耍宝搞怪，有人是宅男只钟情于漫画，有人是法学部的高材生，有人却是留级大王，他们被热情的灰二学长聚合在一起，为了共同完成一个他深藏在心中的梦想——参加“箱根接力”（一项日本大学田径界的盛事，总长 217.9 公里，分十个赛段）。“让我们十个人合力称霸箱根！”于是，他们在泥土中、森林里不停地奔跑，直到梦想实现。“跑究竟是什么？我们还没找到答案，可就像追寻人生意义一样，我会一直一直跑下去。”

7.《领跑人》——为自己而跑

不催泪就不是韩国电影了。他们是从小就没有父母的孤儿，为了让弟弟吃一顿饱饭，哥哥在运动会上不争第一，也不跑第三，只拿第二。因为第二名的奖品是一箱泡面。由于腿伤，朱万浩只能当领跑人，退役后寄居在朋友的面馆，以送外卖为生。一次国家队为了培养进军奥运会的长跑运动员，主教练老上司邀其再次出山，为年轻队员领跑。再次回到训练场地，激发了他长跑的激情。历经一波三折之后，在 2012 年的伦敦奥运赛场上，在弟弟突然到来的鼓舞之下，回忆起童年的种种和人生的理想，万浩这一次真正为了自己而跑。

8.《马拉松精神》——看了就懂

这部纪录片的拍摄横跨四大洲，记录了六个跑者的故事。不管是出身贫穷，要靠跑步赚钱养家的肯尼亚人恩坚加，还是 65 岁第一次跑完全马的迈耶斯，每个人都在为完成芝加哥马拉松而坚持努力着。“无论你跑得有多快或有多慢，当你跑过终点线的那一刹那，它将永远地改变你的生活！”这就是影响万千跑者的马拉松精神。无论如何，也想去体验一次吧。

9.《一个人的奥林匹克》——中国人必须知道

作为 2008 年奥运年的主旋律电影，这部根据历史改编的电影依然通过真实故事和细节片段打动人心。1932 年，东北短跑名将刘长春拒绝代表日本扶植的满洲国参加洛杉矶奥运会，含泪告别妻儿，逃出日寇占领的大连，躲避关东军的一路追杀，逃到北京，找到东北大学校长张学良，决意代表中国参加奥运会。张学良将军资助他 8000 大洋购买船票，在海上漂泊了 23 天，暴风雨中九死一生，在黑夜的游轮甲板上冒着大浪训练，终于第一次代表中国人，敲响了奥运赛场的大门。

10.《跑出一片天》——群星荟萃

近年少见的温情励志片，以“燃烧梦想”为主题，诙谐中不失温情，讲述了北京胡同里平凡人的平凡故事，但是因为触碰到了每个人成长过程中那些不平凡的经历，不平凡的伤痛，而变得真实、深刻、感人。单亲家庭长大，

在学校里被嘲笑为“矮冬瓜”的李小天历经各种磨难和考验，在奔跑中一路成长，最终实现了自己的梦想。“400 米赛跑是一个奇特的比赛，它就像人生一样，输在起跑线，却赢在终点。”本片由香港金牌摄影师黄岳泰担任摄影指导，作为首部体育公益类电影，全部票房捐赠给免费午餐基金，众多体育明星娱乐明星齐齐加盟也为此片大大加分。

What's More：电视纪录片《跑步回中国》

14 集的真实纪录片。中国台湾职业超马跑者林义杰和两位大陆跑者白斌、陈军以及加拿大 24 岁的女跑者布卢默在 150 天内，一同挑战从伊斯坦布尔到西安，每天 70 公里，总行程约 10,000 公里的丝绸之路。一路跌宕起伏，有激情有退缩，真实再现的跑程沿途的景色，更令人叹为观止。

第五章
CHAPTER 5

一定可行的跑步计划

无论是刚刚起步的初跑者，还是以马拉松为目标的资深达人，能成功跑下去的，都不是脑袋一热就跑八圈，心情不好就歇三天的人。一个目标明确，周密翔实的可执行计划不可或缺。

懒人计划

撩起衣服，看到肚子上摇摇晃晃的果冻肉时，弯腰捡东西，听到全身关节咔咔作响时，立刻雄心壮志“明天就去跑”。可是下班回家窝进了沙发，起床困难户听到了屋外的风声，很容易就给自己找到借口：“要不这次算了吧。”万事开头难，往往把你拦在起跑线上的，只有一个千钧重的字“懒”。懒是一种病，得治。按照下面这套方子坚持 4 周以上，跑步就会像吃饭睡觉打豆豆一样，变成生活的一部分，运动分泌的多巴胺带来的上瘾感，让你歇几天不跑就难受，想犯懒都没那么容易。

明星榜样——高木直子

开始跑步前，日本“绘本天后”高木直子是个一提到运动就头疼的资深宅女，开始跑步后，她也能抛弃舒适的被窝，战胜懒惰，从 5 公里开始坚持，直到完成了自己人生的第一个全程马拉松。从《一个人住第五年》到《一个人去跑马拉松》，她能做到的，你也可以！

懒人训练计划：4 周为一周期

第一周	打好基础	走 3 分钟，以舒服的速度慢跑 4 分钟，舒服的标准是：在跑步过程中你可以自如地和别人聊天。重复 4 次之后，一天的任务就算完成
第二周	跑走结合	走 1 分钟，接着慢跑 8 分钟。重复 3 次
第三周	坚持慢跑	走 1 分钟，接着慢跑 10 分钟。重复 3 次
第四周	控制时间	做跑前的拉伸，试着坚持让慢跑的时间达到 25 分钟，如果中间实在难以坚持，可以以走路代替，给自己一个舒缓的过程

以上训练每周要至少坚持 4 天。4 周过后你会发现，自己可以尝试挑战一下更远的距离了，别着急，对初跑者来说，能让每次跑步坚持 30 分钟，锻炼的目的已经达到了，你可以跳转到下一个训练计划啦！

TIPS

1、找一个小伙伴相互鼓励、相互监督。事先约好必须刀子嘴刀子心，一旦你犯懒，必须秋风扫落叶一般无情，坚定地把你从被窝里揪起来。如果能一起跑，说说笑笑，聊聊闹闹，时间过得嗖嗖快，跑完步一起享用美食，生活中的美好全让你占了！

2、沙发上、门上贴上便条，手机电脑屏保设置好画面给自己加油。鸡汤派如“运动的人最有自信！”硫酸派如“要么瘦要么死”。

3、给自己物质奖励。看中了一条项链，新出的 iPhone8，还在犹豫？跟自己打个赌，如果在一个月内都按计划在坚持跑步，那就给自己的坚持打个赏。

4、发动群众的力量，捍卫荣誉。趁着刚开始的热乎劲儿把成果晒到朋友圈，收获 32 个赞的同时也收获荣誉感。别停下来，继续晒下去！其实坚持，往往就在你要放弃的那几个瞬间。

减肥计划

比起游泳、网球等健身方式，跑步每分钟要燃烧更多的卡路里，是最简单、最有效的有氧运动之一。坚持跑步，可以让臃肿的变“S”，让适中的变完美。

明星榜样：江映蓉

超女歌手江映蓉曾经在两周内狂甩 10 斤，令身材和歌声一样火辣，惊艳倒一大片粉丝，她透露自己的秘方就是跑步，喜欢那种大汗淋漓的痛快感。

减肥训练计划：4 周为一个周期

第一周 打好基础	星期一：学习掌握正确跑步姿势，先通过慢跑来了解自己的身体状态，买一双适合自己脚型的舒服跑鞋。
	星期三：简单热身后，先以走代替跑。用 APP 软件来设计行走路线和计算行走时间，走路需要很多时间，但这个过程可以给你增加自信心，让你明白，能走下来 5 公里，也就可以跑下来 5 公里，只是速度快慢的问题。

第一周 打好基础	星期四：依旧以走代跑，走完之后，适当做一些加强腿部肌肉力量的锻炼。
	第四天时可以减少走路的时间，加入一些慢跑。不过，千万别急着追求速度想赶紧跑快。在跑步过程中，如果觉得呼吸困难，胸口难受，就慢下来用走来代替，要保持顺畅的呼吸。
第二周 跑走结合	星期一：1.5 公里跑走结合。减少走路的量，让跑步时间稍微长一些。记住一点：不要跑太快。
	星期三：2 公里慢跑不停。做好拉伸之后开始慢跑，速度保持在 1 公里 7 ～ 8 分钟之内，如果可以不停歇，那就让自己坚持到 2 公里。接着可以再快走，保证自己训练时间在 30 分钟以上。
	星期五：重复周三的训练，觉得吃力时就适当休息，如果可以坚持，就保持慢跑的节奏和速度，听一些有节奏感的音乐，转移自己的注意力，忘记你是在跑步。
	星期六：重复训练，也要继续坚持腿部肌肉的训练。
第三周 坚持慢跑	做到至少 4 天训练。做好热身后，开始全程慢跑不停歇，用 APP 软件给自己计时，鼓励自己争取坚持慢跑到 5 公里再停步。“你已经跑步 5 公里，用时 43 分钟 30 秒，太棒了！”智能软件里的这个声音响起时，你已经成功了！跑完后，在朋友圈炫耀一下你的进步吧！不过，也要记得坚持做跑后的拉伸。

第四周 控制时间	任选4天训练。当你发现自己慢跑可以坚持过5公里时，第四周的训练要稍微给自己一点挑战了。继续坚持5公里的同时，做一些力量训练，加强腿部肌肉的力量，这样可以让你完成5公里的目标更轻松、自如一点。同时，你给自己设定一个不太高的目标，比如，争取用40分钟完成5公里。

以减肥为目的，要坚持4到6周的训练可以有效果：赘肉在一点点消失，皮肤更加紧致，周围的人也会见到你的第一面就说，“你最近变瘦了！”听着这样的夸赞，心里美滋滋的呢。接下来，该挑战另一个级别啦！

TIPS

1、空腹跑步效果最佳。早晨起来跑步减肥效果最佳，因为在空腹状态下跑步可以直接高效地燃烧你的脂肪，而且早晨气压低，空气好，运动效果事半功倍。

2、如果跑步的目的非常明确，要减肥，那时间上要保证30分钟以上，如果能坚持到1小时，效果会更明显。因为在前30分钟身体内消耗的是能量转化成的糖分而不是脂肪。

3、目标不宜过高。跑步是个循序渐进的过程，不能在刚刚开始就急于求成，发力过猛，这样反而会伤害身体。

4、不要刻意追求速度。“跑得越快，减得也越快”，这是个错误的理论。当你快速奔跑时，其实是在做无氧运动，脂肪得不到很好的燃烧，所以还是要放慢自己的速度。

5、注意饮食。如果暂时无法和芝士蛋糕洒泪而别，试试轻断食，每周 2 天严格控制，热量限定为男 600 大卡、女 500 大卡以内，其余时间照旧。

塑型计划

盯着体重计上的数字是初级阶段，也许下一个在朋友圈秀人鱼线马甲线的就是你！

明星榜样——郑秀文

42 岁的天后郑秀文在香港红馆开唱，一身黑色透视连身泳衣现身引得众人尖叫。刚出道时体重达 120 斤，如今 90 斤居然还有腹肌！秘诀只有一个——持久的健身，而跑步是郑秀文的大爱！“在家在附近慢跑，如果住酒店，就到健身房的跑步机上跑，但时间一定要确保！30 分钟到 1 小时最合适。”

塑型训练计划—— 一周训练内容安排

星期一	先热身，让身体各关节活动起来，再坚持跑步 40 分钟到 1 个小时。跑完之后做伸展运动恢复肌肉。
星期二	专门进行 40 分钟力量训练，深蹲、俯卧撑、平板支撑等基础动作，每组动作 8 ~ 10 次，进行三组。

星期四	来一次魔鬼训练，跑步40分钟后进行力量训练：深蹲（15个 ×3次）+仰卧起坐（20个 ×3次）+平躺踩单车（30个 ×3组）+俯卧撑（10个 ×3组）。每个动作之间可以休息1分钟 。
星期六	跑步40分钟到1小时后腰腹力量训练：仰卧起坐（20个 ×3组）+腿举（采取坐姿或卧姿，用伸膝发力，将双腿向前方45度抬起（30个 ×3组），后抬腿（30个 ×3组）

TIPS

减脂增肌饮食一日推荐

	时间	蛋白质	维生素 & 植物纤维	主食
第一餐	7：00–9：00	鸡蛋白2个	水果（苹果/香蕉） 蔬菜（南瓜/西兰花/黄瓜，少油少盐）	燕麦粥一小碗+一个煎饼（不加香肠，多加生菜）
	其他注意：早餐要吃得很丰盛，但也要注意营养搭配。			
第二餐	10：00–11：00	蛋白粉一勺		杂粮饼一个
	其他注意：虽然要减少碳水化合物的摄入，但杂粮饼在消化后产生的热量对人体而言微乎其微，且富含有助于消化的纤维素。			

	时间	蛋白质	维生素 & 植物纤维	主食
第三餐	13：00–14：00	鸡肉/鱼肉/虾 200 克（高蛋白低脂低热量）	蔬菜（西兰花/红薯/土豆丝）一小碗	
第四餐	16：00–17：00	蛋白粉一勺	绿色蔬菜（黄瓜/胡萝卜/紫甘蓝/西红柿）一小碗	杂粮饼一个
第五餐	19：00–20：00	鸡肉/鱼肉/虾 200 克	绿色蔬菜一小碗	

5 公里计划

虽然 5 公里听起来弱弱的，但那也是扎扎实实的 5000 米，和过去那个在中学时代，一提起 800 米测验就头疼的你相比，已经是足够给力的开始。这个开始，将成为你以后挑战 10 公里、半马甚至全马的坚实基础。

下面，我们用 4 周的时间，帮你实现 5 公里计划。

第一周	星期一	休息
	星期二	慢跑 15 分钟，加快速度坚持跑 15 分钟。身体如果不舒服，可以以快走代替跑步。
	星期三	休息
	星期四	慢跑 15 分钟，加速跑 3 分钟后短暂休息 2 分钟，这样的动作重复三组。
	星期五	休息
	星期六	慢跑 20 分钟，加速跑 3 分钟，接着慢跑 20 分钟。
	星期日	慢跑 15 分钟，按配速 8 分钟左右跑 25 分钟。

第二周	星期一	休息
	星期二	慢跑 30 分钟
	星期三	休息
	星期四	慢跑 15 分钟，按配速 7 分 30 秒跑 20 分钟。
	星期五	休息
	星期六	慢跑 35 分钟
	星期日	慢跑 10 分钟，加速跑 3 分钟后短暂休息 2 分钟，重复四组。
第三周	星期一	休息
	星期二	慢跑 35 分钟
	星期三	休息
	星期四	慢跑 15 分钟，加速跑 15 分钟。
	星期五	休息
	星期六	慢跑 35 分钟
	星期日	按配速 7 分 30 秒跑 35 分钟
第四周	星期一	休息
	星期二	慢跑 35 分钟
	星期三	休息
	星期四	慢跑 15 分钟，加速跑 10 分钟，慢跑 10 分钟。
	星期五	休息
	星期六	慢跑 35 分钟
	星期日	按配速 7 分 30 秒跑完 5 公里

10 公里计划

当坚持了几个月，跑 5 公里时你已经可以偶尔刷新自己的 PB 时，是时候进军 10 公里了。

训练计划：

第一周	星期一	休息
	星期二	5 公里跑 + 力量训练
	星期三	休息
	星期四	7 公里慢跑
	星期五	休息
	星期六	5 公里慢跑 +2 公里变速跑
	星期日	按配速 7 分钟 30 秒跑完 7 公里
第二周	星期一	休息
	星期二	6 公里跑 + 力量训练
	星期三	休息
	星期四	7 公里慢跑
	星期五	休息

第二周	星期六	7 公里慢跑 +2 公里变速跑
	星期日	按配速 7 分钟 30 秒跑完 8 公里
第三周	星期一	休息
	星期二	7 公里跑 + 力量训练
	星期三	休息
	星期四	8 公里慢跑
	星期五	休息
	星期六	8 公里慢跑 +2 公里变速跑
	星期日	按配速 7 分钟 30 秒跑完 9 公里
第四周	星期一	休息
	星期二	8 公里跑 + 力量训练
	星期三	休息
	星期四	8 公里慢跑
	星期五	休息
	星期六	5 公里慢跑 +2 公里变速跑 + 力量训练
	星期日	按配速 7 分钟 30 秒跑完 10 公里

半程马拉松计划

经过 8 周训练，当你可以坚持跑完 10 公里时，就可以自豪地从“跑步爱好者”升级为“跑者”啦。这时，有两种选择，一是以追求速度为目标，不断进行 10 公里训练，刷新自己的 10 公里 PB，另一个就是把自己的目标再提高一格，再坚持 4 周训练，试着挑战人生中的第一个半马！

第一周	星期一	休息
	星期二	40 分钟慢跑
	星期三	休息
	星期四	50 分钟慢跑
	星期五	休息
	星期六	50 分钟速度练习或交叉训练
	星期日	尝试 12 公里长距离跑
第二周	星期一	休息
	星期二	40 分钟慢跑
	星期三	休息
	星期四	50 分钟慢跑

第二周	星期五	休息
	星期六	50分钟速度练习或交叉训练
	星期日	尝试15公里长距离跑
第三周	星期一	休息
	星期二	40分钟慢跑
	星期三	休息
	星期四	50分钟慢跑
	星期五	休息
	星期六	50分钟速度练习或交叉训练
	星期日	尝试15公里长距离跑
第四周	星期一	休息
	星期二	40分钟慢跑
	星期三	休息
	星期四	50分钟慢跑
	星期五	休息
	星期六	休息
	星期日	站在半马起跑线上，挑战一下自己

全程马拉松计划

42.195 公里真不是说着玩儿的，一定要经过长时间的训练和准备，才能站到挑战全马的起跑线上。12 周，试试看挑战人生崭新高度！

第一周	星期一	休息
	星期二	10 公里放松跑 +5 公里变速跑
	星期三	休息
	星期四	10 公里匀速跑
	星期五	休息
	星期六	力量训练
	星期日	20 公里匀速跑
	跑量	本周 45 公里，每次跑完后记得拉伸。
第二周	星期一	休息
	星期二	15 公里匀速跑
	星期三	休息
	星期四	15 公里慢跑
	星期五	休息

第二周	星期六	力量训练＋交叉训练
	星期日	25公里匀速跑
	跑量	本周55公里，每次跑完后记得拉伸。
第三周	星期一	休息
	星期二	慢跑5公里+10公里变速跑
	星期三	休息
	星期四	匀速跑15公里
	星期五	休息
	星期六	力量练习
	星期日	28公里匀速跑
	跑量	本周58公里，每次跑完后记得拉伸，注意要尽力去跑。
第四周	星期一	休息
	星期二	18公里
	星期三	休息
	星期四	慢跑10公里＋（1公里×5，间歇3分钟）
	星期五	力量练习
	星期六	休息
	星期日	20公里匀速跑
	跑量	本周63公里，每次跑完后记得拉伸，注意要尽力去跑。
第五周	星期一	休息
	星期二	16公里放松跑

第五周	星期三	休息
	星期四	（慢跑 5 公里 +2 公里）×5，间歇 3 分钟
	星期五	匀速跑 10 公里
	星期六	力量训练
	星期日	25 公里
	跑量	本周 66 公里，每次跑完后记得拉伸，要咬牙坚持！
第六周	星期一	休息
	星期二	放松跑 15 公里
	星期三	慢跑 10 公里 +3 公里快跑
	星期四	休息
	星期五	17 公里
	星期六	力量训练
	星期日	匀速跑 10 公里
	跑量	本周 55 公里，跑量有所下降，坚持是王道！
第七周	星期一	休息
	星期二	跑 16 公里
	星期三	休息
	星期四	放松跑 10 公里
	星期五	匀速跑 15 公里
	星期六	慢跑 5 公里 + 力量训练
	星期日	25 公里
	跑量	本周 72 公里，不要有心理负担哦！

第八周	星期一	休息
	星期二	慢跑 12 公里 +3 公里快速跑
	星期三	休息
	星期四	匀速跑 18 公里
	星期五	慢跑 12 公里
	星期六	匀速跑 5 公里 + 力量训练
	星期日	25 公里跑
	跑量	本周 75 公里，继续坚持下去！
第九周	星期一	休息
	星期二	放松跑 15 公里
	星期三	休息
	星期四	匀速跑 15 公里
	星期五	慢跑 15 公里
	星期六	匀速跑 5 公里 + 力量训练
	星期日	25 公里跑
	跑量	本周 75 公里以上，不要放松哦！
第十周	星期一	休息
	星期二	匀速跑 10 公里
	星期三	慢跑 5 公里 +5 公里变速跑
	星期四	放松跑 15 公里
	星期五	休息
	星期六	慢跑 5 公里 + 力量训练

第十周	星期日	35 公里跑
	跑量	本周 75 公里，第一次跑 30 公里以上，咬咬牙坚持哦！
第十一周	星期一	休息
	星期二	轻松跑 12 公里
	星期三	休息
	星期四	跑 25 公里
	星期五	休息
	星期六	慢跑 10 公里 + 力量训练
	星期日	匀速跑 10 公里
	跑量	本周 57 公里，下周就要比赛，适当放松一下身体。
第十二周	星期一	15 公里（4 分 40 秒 / 公里）
	星期二	12 公里慢跑
	星期三	10 公里慢跑
	星期四	休息
	星期五	慢跑 1 小时
	星期六	放松
	星期日	马拉松比赛
	跑量	比赛 42.195 公里，前后半程注意速度，前半程稍微慢一些，过了 21 公里再提高一点速度。

第六章
CHAPTER 6

一张最美的跑步地图

中国十大最适合跑步的城市及跑步地点

和城市一起奔跑吧！

NO.1➢ 厦门

作为中国最早被公众熟知的马拉松赛事，厦门马拉松一直是中国顶级马拉松赛事中最令人向往的一个。这与厦门得天独厚的自然条件是分不开的，厦门地处海峡西岸，是一座滨海旅游城市，环境优美，气候适宜。厦门环岛路是厦门市环海风景旅游干道之一，也特别适合跑步。环岛路几乎是沿着海岸线修建，风景宜人，植被丰富，还有专门预留的宽敞的人行道。跑步时吹着阵阵海风，椰林树影，碧海蓝天，想想就心旷神怡。每一年厦门马拉松都有数万人报名，还有许多热情的志愿者和观众，可以看到这座城市的人们对跑步的热爱。

推荐地点：环岛路　铁路文化公园　鼓浪屿

NO.2➢ 北京

北京上榜，或许很受争议，但作为中国最大城市之一，入围前五也是实至名归。不可否认，在一线城市中，有许许多多的人在跑，而且他们的跑步热情相较于其他城市来说要高得多。虽说北京这两年因为 PM2.5 一直处在风口浪尖，加之夏天高温冬天严寒的气候，实在称不上有多适合跑步。但是看看奥林匹克森林公园里跑步的人们就会知道，北京的跑者们有多么的积极踊跃。每周末在此活动的跑步组织有多威、豆瓣、亚瑟士、特步等近十个，因此这里也获得了北京跑步圣地之称。人们因为共同的爱好聚集在这里，在跑步中结交了朋友，找到了属于自己的跑步圈。

推荐地点：奥林匹克森林公园　香山　颐和园

NO.3➢ 上海

白天的上海，匆忙而繁华，快节奏的工作占据了人们生活的大半时间。但是当夜幕降临，这座城市白天浮华的温度一下褪去了。就自然环境而言，上海是个适合跑步的城市，尤其是春秋两季，多是晴天，温度适中，空气也十分干净清新。夏天晚上的夜跑，是上海的跑友们十分热衷的事情。在上海的大街小巷都会看到跑者的身影，他们或属于“自由马”等团体组织，或者只是一个人孤独地奔跑。上海适合跑步的路线也不少，不少公园都是不错的选择。隐藏在浦东一片高楼大厦之中的浦东世纪公园就是一个绝佳的跑步地点，在这里跑步有种与世隔绝的快感，非常推荐。

推荐地点：浦东世纪公园　徐汇区滨江大道　苏州河沿线

NO.4➢ 广州

广州的天气以高温高湿居多，但这并不影响人们在清晨或傍晚出来跑步，珠江沿岸常常能看到不少结伴跑步的跑者。除此之外，许多开放式公园丰富的植被和富于变化的跑步路线也成为跑友们的首选，这些跑友们也成为广州的一道风景线，为这座城市增添了不少活力与魅力。在 2013 年，广州举办了首届马拉松赛事，吸引了不少来自各行各业的跑友。良好的跑步氛围加上优质的跑步场所，广州无疑是一个适合跑步的城市。

推荐地点：珠江沿岸　白云山风景区　广州大学城

NO.5➢ 深圳

同为南方城市，深圳或许比广州更年轻时尚。这里有来自全国各地的年轻人为自己的梦想打拼着，他们之中，热衷于跑步的不在少数。对于处在工作高压之下的人们来说，跑步是一个非常好的解压方式。因此这里有许多民间的跑步团体，比较著名的有深圳奔跑者马拉松俱乐部等，每次训练都会有几十甚至上百人参加，这也成为深圳跑友们的社交方式。

深圳还有许多资深跑友和不少马拉松成绩跑进 3 小时的跑步高手，因此在国内的马拉松赛事上都能看到深圳跑友们的身影。和厦门一样，深圳是个有海的城市，在大梅沙公园的木质栈道上奔跑，也是一种别样的体验。

推荐地点：东湖　仙湖植物园　梧桐山盘山公路

NO.6➢ 杭州

去过杭州的人都会感慨西湖在这个城市中所占据的重要地位，对于杭州人来说，这里更像是一个大大的花园。避开白天的旅游人潮，清晨的湖边简直是跑步者的天堂。无论是湖边清新的空气还是蜿蜒的道路都会让跑者乐在其中地享受跑步的乐趣。城中有此美景，真是不跑就可惜。除了西湖，钱塘江北岸绵延数千米的道路、钱江新城之城市阳台、蜿蜒数十里的运河两岸游步道、闹中取静的中东河两岸、坡度不大人烟稀少的玉皇山盘山公路、清净的云栖竹径以及植物园木兰山茶园都是上佳的跑步路线。

推荐地点：西湖沿岸　钱塘江北岸

NO.7➢ 西安

西安最值得瞩目的就是保存完好的古城墙了，只可惜城墙作为旅游景点平时并不免费开放，但是每年的城墙跑比赛却吸引了大批西安及外地的跑者们，在城墙上跑步已成为一种时尚。平日里，则可以选择城墙下的环城公园和护城河沿岸作为跑步的场地，沿着城墙根奔跑或与城墙遥遥相望。除此之外还有大雁塔广场、大明宫遗址公园、曲江遗址公园这样的名胜古迹焕发了新的活力，让跑友们在古典与现代之间奔跑穿梭。

推荐地址：城墙根　曲江遗址公园

NO.8➢ 南京

同为古城，南京的纬度更低，因此在气候和景色各方面都更加温和宜人。丰富的地形结构塑造了不少优质的跑步路线。其中玄武湖当数南京跑步爱好者的首选。根据玄武湖公园管理处调查数据，每天有 3 万人在玄武湖进行“跑湖”。环玄武湖一圈约 9 公里，依附着世界上最长的砖砌明城墙，在湖水荡漾、绿树掩映的环境中，跑者们享受着跑步与自然的融合与乐趣。“南京爱跑步”俱乐部每周都会在玄武湖进行常规的跑步活动，每次都会有新人加入，“跑湖”已经成为南京跑步圈的一道风景。

推荐地点：玄武湖沿岸　紫金山

NO.9➢ 大连

大连不仅是一个美丽浪漫的旅游胜地，还拥有许多得天独厚的户外运动场所，比如金石滩亲海路（滨海中路），长度 5 公里，连续几年大连马拉松都移师金石滩。平坦、亲海是它最大的特色。另外大连市政府在 2008 年北京奥运会前夕投入了 1800 万元在滨海路修建了全长 8477 米的木栈道，把人行道与车道彻底分离，保障了健身者的安全，成为许多市民进行锻炼的首选。

推荐地点：滨海中路　金银山塑胶路　海螺山跑山路线

NO.10➢ 香港

香港虽小，但在这里却可以体验到城市里难以体会的坡跑乐趣，许多跑道都是建在山上的坡道。香港最著名的跑步道路是湾仔峡道，西面是商业精英的聚集地中环，东面是购物圣地铜锣湾，夹在两个钢筋水泥森林中的湾仔峡道展露出了自然与城市的完美结合。宝云道则有“香港最佳跑步圣地”的美誉，山径植被满布、绿荫处处。香港类似于湾仔峡道这样的公园和休憩场所大约有 1310 个，总占地面积约为 440 公顷。可以说，整个香港能够提供给市民跑步的环境优美的步道随处可见。

推荐地点：湾仔峡道　宝云道

全世界最有格儿的马拉松

一路在跑者的自我修养中过关斩将，现在，你再也无法满足于只是沿着家门口公园数圈儿跑，挺起胸脯，脚下虎虎生风时，总有个小声音蹿进耳朵里，“走吧，去跑马拉松，马拉松……”心痒难耐吗？你需要的就是——痛快挠啊！腾好时间，攒满钱袋子，打开地图——去哪儿配得上攒了一路的激情呢？本篇从全球不同名目的马拉松中，为您精选 10 条全球最有格儿的马拉松线路，各有其味，等你来跑！

NO.1➢ 最神圣——雅典马拉松

就像伊斯兰教徒一生中要去一次麦加，基督教徒一生要去一次耶路撒冷一样，所有马拉松爱好者的圣地一定是——雅典。这里有马拉松运动最动人的故事：公元前 490 年，希腊军队击败入侵的波斯军队后，传令兵菲迪皮得斯一路飞奔回雅典，只来得及留下一句“我们胜利了，雅典得救了！”便倒地而亡，而这一“用生命奔跑”的壮举也正是现代马拉松运动的起源。

雅典马拉松的路线贴满了经典和复古的标签，起点设在马拉松小镇，沿着当年菲迪皮得斯奔跑的路线，一路跑向终点——雅典大理石体育场，这座体育场恰好是 1896 年首届现代奥运会的举办地，同时也是 2004 年雅典奥运会马拉松比赛的终点。伴着两千年前传令兵无暇观看的风景跑一回，不远处还有帕特农神庙和爱琴海与你遥遥相望，还有什么地方比这里更适合拍照发朋友圈，给自己的跑马生涯锦上添花的呢？

NO.2➢ 最（醉）醺人——波尔多红酒马拉松

作为世界上最著名的红酒产区之一，波尔多梅铎马拉松简直就是法式浪漫和幽默的最佳诠释者。赛会官网主页上赫然写着：我们不欢迎一门心思只想着打破纪录的人来。整条路线仿佛专门设计来让你参观当地 50 余座酒庄和慵懒的法式田园风光的，全程 20 多处补给站，提供的可不是淡得就剩矿物质味道的矿泉水或者热量惊人的能量棒，而是一杯杯货真价实香醇无比的红酒！假设每到一处你都能饮下一小杯，那么在你跑完 42.195 公里之后，你就不仅仅是一名马拉松勇士，更会获得另一个响当当的头衔——专业品酒师！不过，每年都会有将近 10% 的选手因为不胜酒力而没能完赛。

当你带着醉意坚持跑到终点时，法国人还为你准备了特别的“惊喜”——男女组的冠军都将获得和自己体重一样分量的红酒作为补偿。法国人就是这么贴心：冠军们跑得太快，没机会好好喝上一杯！甚至如果你的穿着造型够有范儿，够出彩，赛后也会得到一整箱美其名曰“创意奖励”的红酒。

NO.3➢ 最有爱——慈善第一的伦敦马拉松

作为世界六大马拉松赛事之一，伦敦马拉松不仅有一流高手的巅峰对决，更有无数为慈善而一身鸡血挥洒汗水的趣跑者（Fun Runner）。有人曾经这么形容它：伦敦马拉松，慈善嘉年华。人们聚集在伦敦西南部的格林尼治公园参加马拉松的方式千奇百怪，但目的只有一个，那就是为众多的慈善机构筹款，来帮助那些需要帮助的人们。他们有背着 42 公斤冰箱跑的，有想要打破“倒跑马拉松最快”吉尼斯纪录的，有奔着“化装成蔬菜跑马拉松最快”的，还有挑战“乐队行进完成马拉松最快”等等奇葩项目的。自 1981 年创办至今，赛会已经募集了将近 6 亿英镑的慈善款项，这项赛事也成为竞技体育与慈善完美结合的典范。

NO.4➢ 最无下限——火奴鲁鲁马拉松

马拉松入门者怕成绩不够报不了名？怕速度太慢跑不完全程？这一切在夏威夷的火奴鲁鲁马拉松上都不叫事！这里第一没有报名门槛，不论男女老少都可以站在阿拉莫纳大道的起点上；第二没有关门时间——只要你愿意跑下去。美国 92 岁的老太太 Gladys Burrill 便是在这里以 9 小时 53 分钟完赛后，成为世界上完成马拉松比赛年龄最大的选手。日本绘本天后高木直子的作品中《一个人的 42.195 公里》，就记录了自己在火奴鲁鲁完赛的心情。除此之外，请闭上眼睛想象一下那个场景：太平洋上的风光如画般舒展开来，大朵的白云絮在天边，连绵数公里的性感海滩，挺拔向上的棕榈树，还有扭着腰肢和草裙，戴着鲜花向你招手的夏威夷土著，跑完马拉松赛之后的疲乏与劳累绝对会瞬间被柔情的海风吹得影儿都不见。

NO.5➢ 最浪漫——从黑夜到白天的槟城马拉松

世界上有很多马拉松大赛都把赛道设立在风景优美的地点，有着“印度洋绿宝石”美称的马来西亚槟城，则誓将这份无可救药的浪漫发挥到极致。这是全球目前为止唯一一个全程都在大桥上进行的赛事——确切地说是从 1986 年开始，在世界上第三长的跨海大桥——槟城大桥上鸣枪开跑。29 年后，“槟城大桥”已然成为历史。自 2014 年起，这项赛事搬迁到了槟城的第二大桥——苏丹阿都哈林大桥。起跑时间设定在了凌晨 1:30，全马比赛枪响前，会先举行盛大的烟花燃放表演，一来点燃跑者的激情，二来给那些还没睡醒的同学们提提神儿。夜色中海风拂面，穿云破海，从暗夜跑到光明，简直是霍格沃茨魔法学校的场景，独享这份神奇。

NO.6➢ 最穿越——伊斯坦布尔马拉松

想在一天之内横穿欧亚大陆？你不需要哆啦 A 梦的任意门，只要去参加伊斯坦布尔马拉松！风情万种的伊斯坦布尔是世界上唯一一座地跨两大洲的城市，当地建于 1973 年的博斯普鲁斯大桥，宛若一条长虹，飞架在博斯普鲁斯海峡两岸，将被海峡分割的亚洲和欧洲亲密连在了一起。马拉松的起点就设在这座吊桥的亚洲端。当你沿着海岸线将两岸看不尽的古堡、清真寺甩在身后，最终在圣索菲亚大教堂停下脚步时，会不会也泛起一阵说不清道不明的思绪，感受到东西方文化碰撞带来的激情和忧伤呢？土耳其著名作家奥尔罕・帕穆克在完成《我的名字叫红》这部与诺贝尔奖擦肩而过的作品时，就曾无数次在博斯普鲁斯大桥上驻足沉思。

NO.7➢ 最诱人——迪拜马拉松

无须赘述嘛，这可是在世界上最土豪的城市，其奖金也轻松甩下其他马拉松赛事好几条街——冠军奖金高达 25 万美金，是芝加哥马拉松冠军奖金的整整 2 倍。组委会在 2009 年就曾宣布过，只要是在迪拜打破马拉松世界纪录，大赛将妥妥地奉上 100 万美元的奖励，不过，至今还没有人能带走这笔巨款。迪拜马拉松的赛道并不艰险，其笔直程度，仅次于能跑得像“飞起来一样的”柏林马拉松，所以你也有机会哦！

NO.8➢ 最甜蜜——大阪甜点马拉松

有多少人是为了减肥开始奔跑，就会有多少人在这一场马拉松里彻底缴械，义无反顾地直奔卡路里而去。位于东京台场的年度甜点马拉松已经举办了18届，吸引了大批资深“吃货”。不同于传统马拉松42.195公里的设置，欢乐的甜点马拉松总长只有10公里，但在这短短的10公里，却有200种以上的甜点供应。水果、巧克力、蛋糕、甜甜圈、茶点……要知道日式甜点的精巧和美味举世闻名，只要你胃口足够好，它绝对可以成为你名正言顺狂塞甜点的最佳地点。反正跑步过程中总是需要能量棒的，反正跑完了都需要补充肌糖原，马拉松也好，人生也好，统统都需要甜蜜的嘉奖啊！

NO.9➢ 最童趣——迪士尼马拉松

如果你不是高冷的孤独跑者，如果你的内心恰好还赖着一个小P孩，最不能错过的，必须是迪士尼马拉松。它由全年7项不同主题的跑步赛事构成，其中5项在佛罗里达州奥兰多迪士尼世界举办，另2项在加州迪士尼乐园展开。每年参与总人数超过30万。自1993年首次举办以来，一直吸引着来自世界各国的跑步爱好者参加。每项赛事均包括全马、半马家庭跑、儿童跑等不同项目，适合不同年龄、不同水平人群的多样化跑步需求。不得不说，这也是最让人分心的马拉松：未来之城、神奇世界、动物王国和好莱坞影城会不停地拽走你的注意力，那些曾经在银幕上出现过的动画人物还会不经意地出现在你面前，米奇、小熊维尼、茉莉公主、当然还有那个总是一脸不正经的海盗。跑完全程之后，你更会收到全世界独家的别致礼物——刻有米老鼠、唐老鸭的奖牌，花钱都买不到！

NO.10➢ 最养眼——女子马拉松

每年 3 月的名古屋，街道上都会自发地聚集起最狂热的观众，他们流着口水等待着最美的风景——15000 名女性跑者听枪起跑后，组成的那幅性感场面。始于 1980 年的名古屋女子马拉松关门时间为 7 小时，所有顺利完赛的姑娘们都将得到一份惊艳完赛礼：由身着燕尾服的小鲜肉们送上的、装在经典粉蓝小礼盒里的 Tiffany 项链！每一年的项链设计都会有所变化。另外一项享有同样待遇的赛事是旧金山女子马拉松，只不过颁奖者是美剧里女人们都爱幻想的约会对象——一身腱子肉的消防员们！豪放的姑娘会要求消防员抱起自己合影，或者干脆跪地送上礼盒假装求婚。从当年连观看马拉松都会被处决，到如今大方调戏小鲜肉，马拉松世界里，女人们的风景独好。

跑出四季，跑遍全国

春天：去厦门看海，到重庆看江

几乎所有跑友都想过在海边跑步的场景，嗅着海水的气息，椰林树影，水清沙白，一阵海风吹过，跑马的疲惫一扫而空。那么去厦门总是没错的，这里有几乎是全国最美的马拉松赛道，而重庆和扬州也因其各自赛道的特点，在跑友圈里火了起来。

1 月　厦门国际马拉松

1 月，当全国的大部分地区还在严寒的包裹下，厦门却依然温暖如春。厦门马拉松比赛的大部分赛道是在沿海的环岛路上，从与金门岛隔海相望的厦门国际会议展览中心出发，沿途既有依山傍海、风景如画的环岛路，更有“厦门二十名景”中的八大景点缀其间，可尽览厦门的天风海韵，堪称世界上最美丽的赛道。

推荐指数：★★★★★

3月　重庆国际马拉松

在山城重庆跑马，玩的就是心跳！ 4万名来自国内外的跑步爱好者沿着长江尽情奔跑，享受运动带来的乐趣。重庆国际马拉松赛的路线包括南滨路和巴滨路，坡度较缓，风景秀丽，在跑马的同时，更能欣赏长江沿岸的春光，感受大自然的雄伟壮丽。跑完当然要去吃火锅喽。

推荐指数：★★★★

4月　扬州鉴真国际半程马拉松赛

扬州鉴真国际半程马拉松赛诞缘于扬州的历史性标志人

物、唐朝高僧鉴真大师，他坚忍不拔的精神与马拉松决不言弃的精神深度契合，因此，鉴真大师成为赛事品牌的核心元素。2014 年该赛事连续三次被国际田联评为金标赛事，成为继印度新德里半程马拉松之后亚洲第二个连续三次获得这一荣誉的国际半程马拉松赛事，也是国内唯一获此殊荣的半程马拉松赛事。

推荐指数：★★★

夏天：吃完海鲜，来碗拉面

夏天实际上并不太适合跑步，温度高、湿度大，尤其是跑长距离的马拉松，大多数人都吃不消，这也是为什么国内几个著名的赛事都选在了秋冬。但是高温酷暑也依然阻挡不了一些城市的人们跑马的决心，5 月、6 月的大连和秦皇岛，倒是外地跑友的好选择。比赛之余，还可吹海风吃海鲜。去西北的兰州，在烈日下的黄河边来趟酣畅淋漓的比赛，也不失为一个任性的选择。

5月　大连国际马拉松赛

大连国际马拉松赛是被国际路跑协会、中国田径协会路跑委员会列入国际标准的马拉松赛事之一，至今已连续成功举办了22届，是国内历史最悠久的马拉松赛事之一。每年都吸引了来自世界各地的优秀马拉松选手和近万名马拉松爱好者来连参加比赛，和好友相约去大连跑马，比赛结束后找个大排档，吹着海风吃着海鲜喝着啤酒，这才是初夏的节奏。

推荐指数：★★★★

7月　兰州国际马拉松

兰州国际马拉松赛创办于2011年，比赛线路设在兰州多年精心打造的城市名片"黄河风情线"沿线，沿途景色优美，山静水动，风景宜人。参赛者在奔跑过程中可以领略到黄河沿岸特有的自然生态景观，将马拉松的精神与奔腾不息

的黄河文化相融合，成为西北地区独具魅力的马拉松赛事。跑完吃碗拉面，倍儿舒坦。

推荐指数：★★★

秋天：雾霾天里跑北马

10 月　北京国际马拉松赛

北京马拉松是经国际田径联合会（IAAF）认证，国际马拉松和公路跑协会（AIMS）备案的国际田联金标赛事，是中国最高水平马拉松赛。该赛事于 1981 年开始举办，每年一届，10 月或 11 月举行。北京马拉松是中国田径协会市场化程度最高、规模最大、最具代表性的单项赛事，已发展成为具有国际影响力的传统体育赛事。现如今，即使雾霾严重，也挡不住人们跑马的决心。于是北马在近几年演变成了一场公路盛事，前来跑马的参赛者们，有的奇装异服，有的赤身

裸体，有的戴着防毒面具，无一不彰显着这个中国最盛大的马拉松赛事的热情与活力。

推荐指数：★★★★

冬天：上海和杭州，选哪个？

2015 年的杭州马拉松和上海马拉松都选在了 11 月 2 日，估计不少跑友都会郁闷，究竟该舍弃掉哪个。但不论决定跑哪个，抢到报名资格才是关键。

11 月　上海国际马拉松赛

上海国际马拉松赛是上海传统的重大体育赛事，也是上海城市景观体育之一，于每年 11 月举行。上海国际马拉松赛是上海市全民健身节的一项重大活动，并与上海旅游节交相辉映。2014 年上海马拉松开始线上报名当天，总计 1.8 万个参赛名额竟然有 230 万人次报名，成功抢到一个上马的参赛资格堪比春运抢票，上海马拉松已经逐渐成为上海的一

张名片和市民的节日。

推荐指数：★★★★

11 月　杭州国际马拉松赛

如果说上海和北京走的是城市化的路线，那么杭州马拉松偏重的就是山林、湖景风光。虽然杭州马拉松风景宜人，但由于在线路上略有难度，因此在跑友心中，往往及不上前两者。不过，随着马拉松热度渐长，以及上马和北马的极度抢手，这两年杭州马拉松也逐渐被跑友们顶到了国内赛事的前几名。杭州国际马拉松赛是中国田联和国际马拉松及路跑协会备案的国际级马拉松赛事，是中国最重要的马拉松赛事之一。

推荐指数：★★★★★

第七章
CHAPTER 7

即刻奔跑吧！

建立属于自己的跑步档案

运动，是为了更好的管理自己的身材。

姓名：________

年龄：________

身高：________

起始体重：________　期待体重：________

起始腰围：________　期待腰围：________

跑步，是一种生活方式，更是一种运动的态度。

最近跑距：________　目标跑距：________

百米跑用时：________　目标用时：________

马拉松 PB：________　目标 PB：________

跑马，是一种近乎狂热的信仰。

我的跑马计划。

____年____月 ______________________ □

____年____月 ______________________ □

____年____月 ______________________ □

____年____月 ______________________ □

____年____月 ______________________ □

____年____月 ______________________ □

____年____月 ______________________ □

我的跑步大事记

第一双专业跑鞋，第一次加入跑团，第一次夜跑，第一次跑了十公里，第一次参加马拉松，第一次 PB 进了四小时……来回顾一下你的跑步生涯吧，如果它刚刚开始，也别犹豫，去实现这些未知的“第一次”吧！

2016

2017

2018

我的跑步周记

无论是资深跑者，还是新手跑者，有计划地去跑步并记录总是没错的，在跑步中学习和总结，越跑越嗨，越嗨越跑！回头翻翻周记过去一年的跑步记录，成就感可比朋友圈收获一百个赞还要满足。

现在就拿起笔，用脚步丈量世界吧。

EXAMPLES

计划跑步天数：________天

计划公里数：________KM / 天

辅助训练计划：________________________

饮食计划：________________________

周一	（时间 / 地点 / 天气 / 距离 / 其他）
周二	
周三	
周四	
周五	
周六	
周日	

一周跑步总结

第　周

第 2 周

第

周

第  周

第5周

第6周

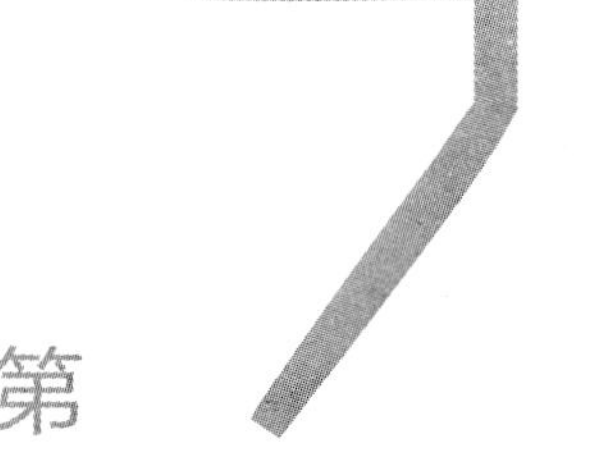
第
周

第  周

第  周

第  周

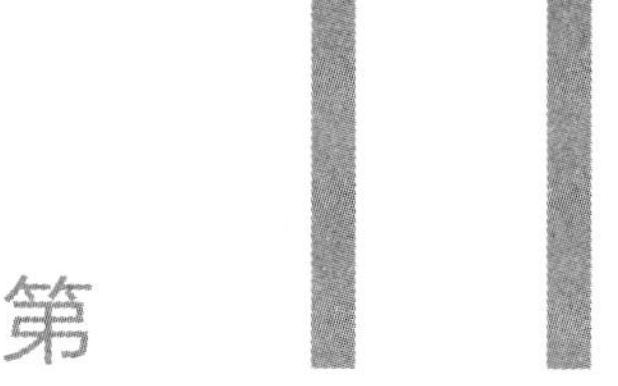

周

第
12
周

第 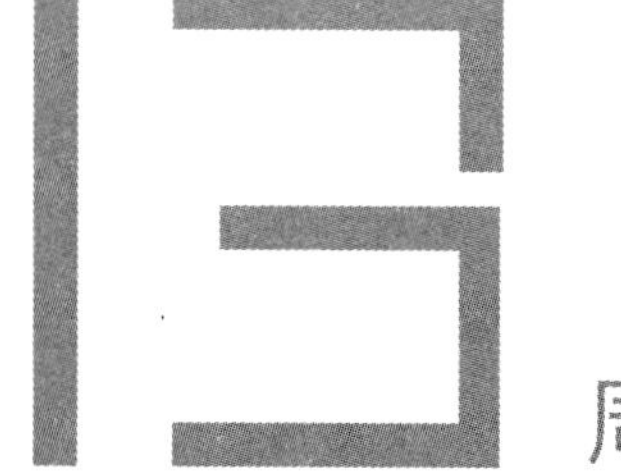 周

第四周

第15周

第
16
周

第17周

第  周

第
19
周

第周

第
21
周

第22周

第

周

第
24
周

第 25 周

第
26
周

第
27
周

第
29
周

第
29
周

第  周

第
31
周

第32周

周

第
34
周

第
35
周

第
36
周

第 37 周

第  周

第
39
周

第  周

第
周

第 42 周

第 周

第
周

第 45 周

第
46
周

第 47 周

第 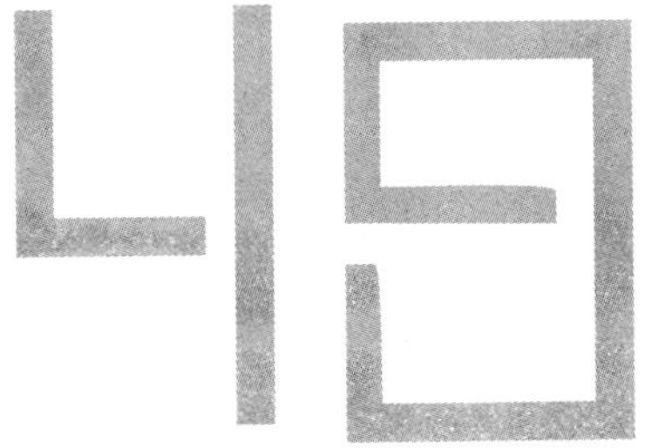 周

第
49
周

第50周

第51周

第 52 周

<坚持到这儿，你就赢了！>